【文庫クセジュ】

大学の歴史

クリストフ・シャルル／ジャック・ヴェルジェ著

岡山　茂／谷口清彦訳

白水社

目次

序文

本書は、一九七三年にコレクション・クセジュから刊行されたモーリス・バイエンによる『大学の歴史』に代わり、あらたに執筆されたものである。大学の歴史についてフランス語で書かれたものは、バイエンと、それ以前に出版されたステファン・ディルセーの書物しか存在しなかった。だが近年、歴史研究が飛躍的に発展し、大学の歴史という分野も刷新されつつあり、両氏の著作はもはや充分なものとはいえなくなった。本書の執筆にあたり心がけたのは、こんにちの研究成果を手みじかにまとめることである。それらはおおむね大学の歴史についての個別研究であり、ともに地域研究であったり、まれに国単位の研究であったりする。それだけに微妙な差異に対しては充分慎重でなければならないが、紙幅の関係上、そうした差異の大部分は捨象せざるをえなかった。

バイエンによる書物から引き継いだ『大学の歴史』というタイトルについても説明しておこう。これまで一般に大学なるものが意味してきたのは、ごく広い意味で高等教育と呼ばれるものの一部でしかなかった。かつて文字が発明されて以来、古代文明にせよ西欧以外の文明にせよ、数多くの文明がなんらかのかたちで高等教育を創出してきたのだし、そうした高等教育の歴史について研究する価値は充分にある。だがわれわれは、独自の意味を担うものとしての大学から出発して研究を行なうため（とはいえ、そうした意味にとらわれすぎないよう心がけつつ）、これまでとは異なるアプローチを試みた。大学という言葉に比較的明確な意味を与えるとすれば、それはつぎのようになる。すなわち「大学とは、教師と学生が連帯して生み出していく（多少なりとも）自律的な共同体であり、そこでは高い水準で諸科目の教育が行なわれる」。こうした意味において大学をとらえるならば、大学という制度は西欧文明に固有の産物だといえるのであり、そのような大学が誕生したのは十三世紀初頭のイタリア、フランス、イギリスにおいてである。大学というこのモデルは、いくたびかの変転をへて、こんにちに至るまで存続してきた（とはいえ、大学とは形態が異なり、それにとって代わろうとする高等教育もまた同様に存在しつづけている）。この大学というモデルはヨーロッパ全土に広まったのち、十六世紀以降にはヨーロッパ以外の国々にも普及しはじめ、十九、二十世紀にはいると世界中に定着する。大学は高等教育のための主軸とみなされるようになり、本来、大学とは区別されるはずの教育機関ですら、ある程度大学との関係のなかに位置づけられるようになる。そうした教育機関は、大学を補完しつつ競合するものとしてなかば公然とみずからを表明するようになるのである。以上のことを考慮するならば、われわれが一定の根拠にもとづいたうえで、大学の歴史を個別の研究対象としていることが了解されるだろう。むろんその場合、教育制度全体から大学を切りはなして考察すべきではないし、ましてや大学が置かれている社会や国家の歴史を捨象するべきでもない。

大学という制度は、長いあいだ、変わることなく存続してきたように思われている（それゆえ往々にしてなんら動きのない状態にあるようにも見える）。だが、明らかにしなければならないのは、じっさいはその大学制度が時代の移り変わりとともに深刻な変容を経験してきたという点である。従来、大学の歴史についての研究は、〔共時的な〕大学の定義をむなしくさがしもとめ、そのあげく同語反復（「みずからを大学と名乗るものが大学である」）や時代錯誤におちいってしまい、身動きがとれない状況にあった。われわれが取り組まねばならないのは、そうした従来からの研究を継続することではなく、通時的な視点、さらには不連続な歴史に着目するような視点からの研究であり、なおかつ全般的な歴史において結節となるような大きな出来事のうちにしっかりと根ざした研究である。そうした取り組みこそ、われわれがこの小著で試みたことにほかならない。本書の構成に触れておこう。第一部では、それぞれ中世と近代における古典期の大学を順次とりあげる。おもに参照するのはヨーロッパの大学である（第一章から第四章まで、ジャック・ヴェルジェ担当）。ついで第二部では十九世紀、二十世紀の大学を論じる（第五章から第六章まで、クリストフ・シャルル担当)。この十九世紀、二十世紀の大学の特徴としてあげられるのは、教員・学生数の急激な増加とともに、大学制度が世界各地に普及したという点であり、また、諸国家のあいだで大学の多様化が生じるなか、国や時代によっては教育と研究の関連づけに成功するというような現象が生じてくるという点である。ただし、一九四五年以降の大学については本書では論じていない。この時期の大学について述べようとすれば、それだけで一冊の書物を執筆するに値するだろうし、じじつこの時期、大学は前例のないほどの増加や発展を示すのである。結論部では、われわれがいまなお目撃者であり当事者でもある大学の歴史の大まかな流れを示して締めくくりとしたい。

大学の歴史は、いくども深刻な断絶に見舞われてきたにもかかわらず、西欧文化の歴史を決定してしまうほど重要な位置を占めている。大学の歴史を知ることによってこそ、われわれは、過去から相続してきた知的遺産について理解をふかめ、社会の機能をよりよく知ることができるのだ。いつの時代にも、過去の知を保存しようとする動きと、革新的なものを導入しようとする動きとのあいだでジレンマが生じるのだし、専門能力を評価する動きと、そうした評価基準そのものを変えようとする動きとのあいだにもジレンマが発生する。各時代ごとに、そうしたジレンマを解決せねばならなかったのである。本書では、大学をめぐり、さまざまな時代や場所を比較検討している。そうした歴史的視点に立脚することで、読者は、現在の高等教育の不確かなあり方にたいして批判的距離をとりつつ、その考察にとりかかることができるだろう。

第一部　中世の大学からアンシアン・レジームの大学まで

第一章　中世における大学の誕生とその躍進

十三世紀初頭、西ヨーロッパで大学が誕生する。その誕生の正確な日付までは定かではないが、少なくとも明らかなのは、ほぼ同時期に、ボローニャ大学、パリ大学、オックスフォード大学が出現したということである。おそらくはその直後にモンペリエ医科大学も発足した。大学とは、歴史上にその先例をもたない画期的な存在であり、このことは、その制度のあり方についても、大学が果たす知的・社会的な役割についてもいえる。それでも大学は無から生じたわけではなく、むしろ多くの点において、はるかな歴史を継承するものである。

I　中世の学校から大学へ

じっさい、中世の大学で扱われていた諸科目は、すでに古代から存在していた（ここで古代とはキリスト教化された初期教会の教父時代をさす）。それらの科目は、古代の人びとがすぐれた教養を修めるための最高級の学問体系とみなしていたものであり、自由人を自負する者は、当然の権利としてそれを要求した。すなわち「リベラル・アーツ」（文法学、修辞学、論理学、算術、音楽、天文学、幾何学）を基礎科目と

出典：*A History of the University in Europe*,
vol.1, Cambridge University Press, 1992.

１５５０年当時のヨーロッパの大学

し、聖なるものについての学（のちの神学）を上位科目とする学問体系である。そこには、医学や法学のような、実践的であると同時に抽象性を充分にそなえた科目も含まれていた。こうした学問体系は、中世初期の百科全書や、カロリング朝、オットー朝（九～十世紀）時代の教育改革を通じて、ほぼそのまま踏襲されていく。だが、豊かであったその体系が平板化されてしまうことも多かった。

1　十二世紀の学校

――はるか古代に由来するこの教育学的伝統がふたたび活気を帯びてくるのは、十一世紀末のことである。学校教育の組織化が広く行なわれたのであり、こうした動きは、とりわけフランスとイタリアに見られた。当時すでに、修道院学校は衰退しており、その存在はほとんど忘れ去られていた。一方で、それまでわずかに存在するのみであった司教座聖堂付属学校〔聖職者を養成する本山学校〕の数は急速に増加する。この時期、改革を推し進めていた教会は、有識聖職者の存在を必要としていた。そこで教会は、聖職者の養成機関を広く組織するため、優秀な高位聖職者を各地の司教座に派遣し、付属学校の創設にあたらせたのである。その「学校長」も有能で献身的な者に託された。その結果、はやくも十二世紀前半には、フランス北部地方（アンジェ、オルレアン、パリ、シャルトル、ラン、ランス）、ムーズ地方、ライン地方に存在する司教座聖堂の大部分が付属学校を常設するようになり、そこでは、リベラル・アーツならびに聖書についての教育がかなりの水準で行なわれた。この司教座聖堂付属学校に加えて、当時、司教座聖堂参事会員たちの修道会のあいだでも、付属学校を設けるという動きが出てくる。以上のような状況を背景として、ついに、私立学校と呼ぶことのできる学校がいくつかの都市に出現する。すなわち、教師が独自に学校を開くようになるのである。教師は自分の評判だけをたよりに学生をつのり、授業料を支払った者を相手に授業を行なった。フランスに多かったのはリベラル・アーツの教師であり、そうした教師たちの運動の中心地はパリだった。この運動の創始者の一人としてピエール・アベラール（一〇七九〜一一四二年）を挙げることができる。十二世紀の半ばになると、そうした教師は数十名にのぼり、彼らはたいていパリのセーヌ左岸で文法学や論理学を教えていた。他方、オルレアンでおもに教えられていたのは修辞学である。教師たちによるこうした自発的な運動の高まりに対して、中世初期から学校教育を独占してきた司教団は脅威をおぼえるようになる。そこで司教団は「リケンティア・ドケンディ」という教授資格制度を打ちだす。この制度により、以後、たとえ私立であれ学校を開くためには司教がそれぞれの司教区において発行する「教育許可証」を取得することが義務づけられてしまう。私立学校の教師の大半は、肩書きとしては聖職者のままであった。そのため、この「リケンティア・ドケンディ」は司教たちにとってぜひとも必要な措置だったのである。

いっそう世俗的で自律的な立場にあったのは、同じ時期、地中海沿岸地方を中心として出現した法律学校および医学校である。これらの学校もまた教師により自律的にいとなまれる私立学校であり、教師は各自の責任のもと自由に聴講生たちと契約をかわす。法律学校が最初に創られたのは十一世紀後半のイタリア北部、とりわけボローニャにおいてであり、医学校はイタリア南部のサレルノである。十二世紀を通じて、こうしたイタリア各地の私立学校で教育をうけた学生たちはアルプス山脈をこえてプロヴァンス、ラングドック、カタロニアといった地方に移住し、こんどは彼ら自身が教師として不規則ながらも学校をいとなむようになる。その移住の範囲はさらに北フランスやイギリスにまで広がっていく。

2　学問の復興——学校教育が復興した要因として一方で挙げられるのは、当時の西ヨーロッパにおける全般的な発展である。経済成長とともに、都市には活気がみなぎり、交易がさかんに行なわれるようになった。だが学校教育の復興は、そうした背景によっては充分に説明されるものではない。少なくとも、地中海沿岸地方における学校教育の復興には、とりわけ教会の意向が反映されていたのである。また、教会ほどではないにせよ、世俗権力や上層階級の動向もその復興をうながした。公の仕事であれ世俗の仕事であれ、諸学を修め、書き言葉の技芸に通じた教養人は、有能な存在として次第に必要とされるようになっていくのである。こうした学校教育の再興にともない、学校を出た者《マギステル》たちは目ざましい社会進出を果たしていく。

学校出身者の信憑が高まったのは、彼らの学識が、それ以前の世代の学識を凌駕していたからである。たしかに、学問の科目編成はそれまでの時代とさして変わらなかったし、学知の伝達にふさわしい言語が唯一ラテン語だとする状況が問い直されることもなかった。依然として、学知が成立するためには、古代ギリシア・ローマから受け継がれた真正なる「典拠」である一定のテクストにもとづかねばならなかったし、そうしたテクストの解釈を深化させることだけが学知の発展につながるとも考えられていた。ところで、十二世紀がそれ以前と異なるのは、典拠として活用可能なテクストの数が飛躍的に増大したという点である。じっさい、それまで忘却されていた多くの古文書がこの時代に復権された。イタリアでは『市民法大全』の全体、すなわち六世紀にユスティニアヌス帝により施行された法典の総体が「発見され」、法学教育はこれを特権的な対象とするようになる。また、スペインやシチリアでは、古代ギリシアの哲学や科学の文献（とりわけアリストテレスの著作）が翻訳されたのみならず、そうした文献についてギリシア語、アラビア語で書かれた注釈書も翻訳された。こうした翻訳により、リベラル・アーツや医学といった領域においても教育の題材は飛躍的に増大したのである。

以上見てきたように、十二世紀には、複数のタイプの学校が数多く出現し、学校教育が活発に行なわれるようになった。ならばその学校教育の隆盛は、いかなる経緯をたどり、十三世紀の大学の出現へとつながるのか。はたして大学出現の要因とはなにか。

3　初期大学の誕生——大学の誕生は、たんに経済発展という時代背景からおのずと導きだされるわけではないし、伝統的な構造に対するあらたな勢力の台頭という時代の成り行きから解き明かされるわけでもない。

まず、大学が誕生する前段階として、教育をめぐる状況が再編された。十二世紀後半になると、それまで学校教育が活発に行なわれていた中心地において、唐突ともいえる学校の衰退が生じる。ロワール川北部のシャルトル、ラン、ランスといった都市の司教座聖堂付属学校は廃れてしまい、いっときはフランス中部およびイタリア各地に根づいたように思われた法律学校も次々に閉鎖されてしまう。こうした学校の失墜を引き起こした原因は何だったのか。教師たちがあらたな需要に対応できなかったためだろうか。あるいは、都市が学生たちの流入をうまく処理しきれなかったためか。とはいえ、いくつかの都市はそうした事態の悪化をまぬかれたばかりか、発展をさらに加速させていく。そうした都市については個別に検討したほうがよいだろう。

ボローニャが発展しはじめるのは十二世紀初頭からである。一一五五年、ボローニャの法律学校はすでに名高い存在であり、その名声は、皇帝フリードリヒ・バルバロッサが特別の庇護をその法律学校に認めたほどだった（「ハビタ」憲法）。とはいえ、その法律学校はいまだ個人でいとなまれる私立学校のままだった。つまり、教師の周囲に集う小規模な「結社」だったのである。事態が決定的に変化しはじめるのは一一九〇年頃からである。学生たちは権威ある教師のもとに集うことをやめ、出身地ごとに集結し「ナチオ（ネーション＝同郷会）」と呼ばれるグループを形成するようになる（イングランド、ドイツ、プロヴァンス、ロンバルディア、トスカナなど）。教師は自分たちの属する自治都市に対して服従を誓うことを受け入れていたが、学生は自分たちで自律的な団体を組織する。団体を結成することを通じて、土地の住民が彼らに加えようとする危害から身を守り、学生同士の対立を解決し、教師たちと契約をかわす。つまり、学生自身が必要としている教育を彼ら自身で組織したのである。この学生たちの「ナチオ」は次第に「大学（ウニヴェルシタス＝同業組合）」としてたがいに結集するようになる（ウニヴェルシタス＝大学は二つに区別された。イタリア人の「アルプス以南団」と外来者の「アルプス以北団」である）。そこでは一年ごとに大学代表が選出されることになっていた。自治都市が学生による大学の創設をはばもうとするなか、教皇は強制的に自治都市の側を譲歩させてしまう。教皇はこの機会を利用してボローニャに「リケンティア・ドケンディ」のシステムを導入しようと考えたのである。「リケンティア・ドケンディ」はボローニャでは司教代理により授与された。その結果、ボローニャ大学は少なくとも民法および教会法からの認可を得たのであり、一二三〇年頃にはたしかな基盤をもつ組織として発足する。現存する最古のボローニャ大学の規約は一二五二年のものである。とはいえ、自治都市が最終的にボローニャ大学の存在を正式に認め、学生の特権（家賃の価格統制・課税免除）を認可するようになるのは、一二七〇年以後である。同時期のボローニャには、さらにリベラル・アーツや医学をあつかう学生たちの「大学」も出現した。(1)

（1）巻末参考文献【1】。

パリでは、一二〇〇年を過ぎたころ、教師たちが結集しはじめる。彼らはおもにリベラル・アーツを教える独立の教師だった。それからすこし遅れて、今度は上位科目を教える教師たちが一二一〇年から二〇年にかけて結集するようになる。パリにおいて変化は急速に生じた。こうした教師たちの動きに対し、フランス国王からの反対はなかった。パリ司教およびシャンスリエ（司教区尚書担当司祭）は、教師たちの組織に「リケンティア・ドケンディ」を課すことで、その運動を押さえ込もうと懸命になる。対立は何度か争乱にまで発展した。しかしながら一二一五年には、できたばかりの「パリの教師と学生のウニヴェルシタス」に対して教皇特使から規約が付与される。大学の自治・自律の権利は保障されたのである。これにより、パリのシャンスリエの支配力は大幅に制限され、以後、シャンスリエは、教師たちが推すリケンティア〔リサンス=学士号〕志願者に対しては必ずその教授免許を無償で授与することが義務づけられた。パリ大学のこうした自由と特権は、さらに一二三一年に発布された教皇大勅書『諸学の父』により厳正に承認される。

オックスフォード大学が出現したのも同時期である。教師たちによる最初の組合組織は一二〇〇年前後に結成された（主要な都市とはいえないオックスフォードのような場所がなぜ教育の活発な中心地たりえたのかはさだかではない）。一二一四年に教皇から特許が出され、その後まもなく国王による認可が言明されたことにより、オックスフォード大学は正式な発足をむかえる。これにより、オックスフォード大学はゆるぎない自治・自律が認められることとなった。大学は遠隔から間接的にリンカーン司教により監督されていたが、その監督を現地で代行していたのは教師のあいだから選出されたチャンセラー（総長）である。

モンペリエについても確認しておこう。モンペリエでは一一三〇年代から医学校の発展がつづき、一二二〇年、教皇特使から規約が付与されたことでそれら医学校は大学となる。とはいえ、ボローニャの場合とおなじく、その規約は「リケンティア・ドケンディ」の導入を条件として付与されたものであり、それまでもっぱら世俗的な制度を有していた医学校は、大学という地位を手に入れることで教会からの管理をある程度こうむるようになる。

最後に指摘しておきたいのは、この時期から、各大学において大小さまざまな衝突（学内であれ学外の権威とのあいだであれ）が生じるようになったということである。衝突が表面化すると、教師や学生はすすんでその大学を去り、あらたな大学を組織する。当時、こうした分派形成によっても数多くの大学が創設されたのである。とはいえそうした大学のうち、後世にまで存続することができたのはわずか二大学である。すなわち、オックスフォードから移住した博士や学生たちにより一二〇九年に創設されたケンブリッジ大学と、ボローニャを去った者により一二二二年に創られたパドヴァ大学である。

II 初期大学の制度

初期の大学は、単一のモデルにしたがって組織されたわけではない。制度の成り立ちや教育内容といった点から見て、大学にはその創成期からはっきりと区別される二つのシステムが存在していたのである。まず、ヨーロッパ北部（パリ、オックスフォード）において、大学とはなによりも教師たちの組合であり、あるいは別の言い方をすれば、学校の連合だった。教えられていたのはもっぱらリベラル・アーツと神学である。教会からの影響は依然として強かっただろう。学生数は多く、とりわけリベラル・アーツの学生はかなり若かった。他方、ヨーロッパ南部の地中海沿岸地方において、大学とは第一に学生たちの組合であり、教師はその組合から多少なりとも排除されていた。主要な科目は法学、ついで医学である。それゆえ、学生の年齢は比較的高く、裕福な階層の子弟が多かった。こうしたヨーロッパ南部の大学においても教会からの規制はある程度働いていたものの、その規制は大学の制度にまで関与するほどではなかった。

だが、創成期の大学には、こうした相違を超えた共通の特徴も見られる。

1 大学共同体——共通の特徴として第一に挙げられるのは、すべての大学が、十三世紀初頭に隆盛をきわめた組合運動に属していたという点である。

教師、学生はあらゆるところで結集し、宣誓を行ない「大学」を構成する。自分たちの手で規約を取り決め、代表者を選ぶ。自己組織化を通じて、相互扶助のシステムを確立し、土地の住民ないし権威機関から加えられるおそれのある危害から身をまもる。そして、組合の存在理由そのものである営為、つまり研究と教育が自律的に行なわれるよう法規を定めるのである。

第二の共通点は、各大学が、かつて学校が単位としていた司教区というせまい枠組みを断固として斥けたという点である。教皇からの庇護を受けることで勢いを増した大学は、その名声のおよぶかぎり、広くキリスト教世界全域から学生を募ることができるようになった。大学は、西ヨーロッパ全域を範囲として、知的なものに関する権威としての役割を果たすようになっていく。

ではなぜ、十三世紀初頭の数十年という特定の時期に、大学というあらたな制度形態が出現したのだろうか。一方でその説明として強調されるのは、全般的な好景気という当時の経済状況である。(1) とりわけパリのような大都市に顕著なこととして、都市が発展するにつれ、人びとの組合的つながりもまた質的な向上を遂げる。都市、君主、教会それぞれにあらたな需要が生じ、学位取得者に対する雇用が次第に増加する。そうしたなか、学位取得者のなかから自分たちで教育を組織しようとする動きが出てくるのである。他方で強調されるのは知的なことがらをめぐってであり、これもおもにパリにあてはまる。[2]すなわち、一二〇〇年代を通じてアリストテレスの翻訳が行なわれ、あらたな潮流が形成されたのである。それにともない、権威あるアリストテレスの注釈書（アヴィセンナ、アヴェロエス）もアラビア語から翻訳された。こうしたテクストの受容において問題とされたのは、もはや十二世紀のように、論理学だけに留まるものではなかった。十三世紀に取り組まれたのは、アリストテレスの全哲学であり、古代ギリシア・アラブ世界の全科学である。そうした哲学や科学の全貌が開示され、それに接することのできた場所こそ当時の西ヨーロッパの学校だったのである。こうした原典の復興は多くのものを熱狂させる一方で、教育機関を管轄下におく教会の不信感を招くことになった。すなわち、学校の教師たちが大学の本質である自治・自律の獲得に向けて動きだすのは、教育の十全なる自由を求めてのことだったのである。

（1）たとえば、巻末参考文献【2】。
（2）そうした例としては、巻末参考文献【3】。

以上のような要因はたしかに存在しただろう。とはいえ、さらに付け加えなければならないのは、人びとのあいだで、教育を「プロフェッショナル」なものにする必要がつよく意識されはじめたという点である。[1]すなわち、大学が組織されたのは、現行の学校で発生していたいくつかの機能不全を解決するためであり、またそうした機能不全に対してなされた批判に対処するためだったのである。すでに見たように、いくつかの学校は危機に瀕していた。その一方で、学生数の増加に対応しきれなくなる学校も出てくる。もはや伝統的な権威である教会の力だけでは処理しきれなくなっていたのである。じっさい学生たちの集団は、社会秩序にとっての脅威と見なされるようになっていた。さらに、ますますその数を増やしていった教師たちのあいだには露骨なまでの競争が存在していた。原典にざっと目を通すだけでめいめいが好き勝手な授業を行ない、悪しき混沌ともいえるほど科目を混ぜ合わせてしまう（たとえば哲学と神学、民法と教会法）。つまり、教師たちが組合として結集するようになった第一の理由として考えられるのは、そうした多少なりともアナーキーな事態に対処するためだったということである。組合を結成することで、学校の乱立をふせぎ、研究に取り組むさいに各人がしたがうべき規定を明確にする。科目間のヒエラルキーにもとづき、読まなければならない典拠を系統的に確立し、危険な書物を禁書にする。こうしたもろもろの措置がとられた結果、試験と免状授与という、一貫した体系ができあがっていくのである。

（1）巻末参考文献【4】。

2　大学と権力——教育状況の立て直しをはかる大学＝組合の努力

学外の権威機関のなかには積極的に協力を申し出るものもあった。とはいえ、地方の司教区が協力的な態度を示すことはほとんどなかった。なぜなら司教区は伝統的な特権に執着し、大学の自治・自律に対して敵意を抱いていたからである。大学＝組合に対して協力的だったのはむしろ主権を掌握するより上位の権力である。当時の権力者たちが望んでいたのは、あらゆる領域に介入することのできる権限を増大させることだった。イギリスの場合、大学発足にさいして重要な役割をはたしたのは国王である。フランスの大学も、少なくとも国王からの不干渉という恩恵をうけていた。だが、とりわけ決定的だったのは教皇からの協力であり、それは具体的には、十三世紀前半における神学および教会法学の権威たちの援助というかたちをとった。じっさい、教皇は学問機関を近代化しようとする勢力を決然と支持し、あらゆる大学の自治・自律を保障したのである。また、教皇のこうした働きかけそのものが、大学に対して広くキリスト教世界にひびきわたる権威を付与することにもなった。それゆえ大学はおのずと、キリスト教の至上理念につかえ、人びとをいわば教導するための機関として認識されるようにもなっていく。ということはつまり、大学の自治・自律に対する制約もまた、大学発足の段階ですでに浮かびあがっていたといえるだろう。

3　初期大学の対立

一二三〇年前後にはいまだ大学はわずかだった。しかしながら、それら初期の大学は当時からすでに名を馳せており、こんにちなお名高い存在であり続けている。当初、きわめて単純な制度から成り立っていたそれらの大学は、次第にその制度を複雑なものにしていく。大学が完全な規約をもつに至るのは、おおよその場合、十四世紀初頭になってからである。

たとえばパリの場合、諸学部（ファキュルテ）の編成がはじまるのは一二五〇年頃からである。当時の学部編成によれば、リベラル・アーツを教える学部は準備課程であり、医学、教会法学（ローマ法の研究はあまりに世俗的とみなされ、一二一九年に禁止された）、神学は、それぞれ高等課程の学部とされた。その高等課程を取りまとめていたのは一人のドワイヤン（学部長）である。準備課程であるリベラル・アーツの学部のほうがより多くの学生や教師をかかえていた。彼らは出身地ごとに集団をなし、四つの「ナチオ」を形成していた（フランス、ノルマンディ、ピカルディ、イングランド）。そうしたリベラル・アーツの学部の四つのナチオを束ねるレクトール（大学代表）が初めて選出されるのは一二四五年のことである。レクトールは大学全体の長もかねていたが、その権限は限られたものだった。任期が三カ月と短いうえ、ナチオと学部のそれぞれの総会のほうが権限を掌握していたからである。他方、コレージュ（カレッジ）の設立がはじまったのもこの時期であり、たとえばコレージュ・ド・ソルボンヌが開かれたのは一二五七年である。コレージュとは当初、たんに貧しい学生が寄宿するための学寮だった。

大学が発足してからも対立や葛藤が絶えることはなく、それが危機的状況にまで発展することもあった。たしかに、教会の権威のみならず土地の世俗権力までもが、大学の自治をおおむね認めるようになった。それでも大学と都市住民とのあいだに衝突がやむことはなかったのである。こうした大学の難局に対して、教皇はたびたび介入する。むろん、教皇は大学に対して優遇措置をとっていたし、大学人は団体・個人としての恩恵も受けていた（聖職者と同等の恩恵が認められたのみならず、通常はその聖職者に課されるはずの定住義務〔聖職者の勤務地定住の義務規定〕は免除された）。それでも教皇は、教育が教義に沿ったものであるかどうか監視することをやめなかったのである。さらに一二一七年以降、教皇はとりわけパリ大学に対して、あらたに発足した二つの托鉢修道会を学内に受け入れるよう迫った。その結果、大学にはドミニコ修道会とフランチェスコ修道会がおかれるようになり、教皇は、それらの修道会を学内での異端弾圧にあたらせるとともに、都市部での布教活動を行なわせた。

当初、托鉢修道会は学内にこころよく迎えいれられた。だが、修道会もまた教師を擁立し、その教師に学校を開かせるようになると、修道会に属さない世俗の大学人たちは、次第にそれを厄介な存在と感じるようになる。修道会教師は質の高い授業を行ない――トマス・アキナスがそうであったように――そのことが他の教師の妬みを引き起こしたのである。さらに、修道会教師は大学の自治・自律についていささかも留意することなく、いつも教会上層部や教皇の顔色をうかがう。そこで大学人は托鉢修道士を追放しようと試みるが（一二五〇～五六年）、すでに事態は容易ならず、教皇からの支持を強みとした修道会側の抵抗がまさってしまう。その後もパリやオックスフォードで衝突は繰り返されたものの、そのつど優位に立ったのは托鉢修道会のほうである。それでも結局のところ、托鉢修道士が大学の自治・自律を排斥しようとしたとまではいえない。

Ⅲ　十四・十五世紀における展開

中世の大学の歴史は、十四世紀から十五世紀にかけてあらたな段階にはいる。この時代の特徴として、おもに以下の二点が挙げられるだろう。

1　あらたな大学の創立――第一に挙げられるのは、大学という機構が広く普及したという点である。

少しずつあらたな大学が増えていき、その結果、あらゆる地方に大学が行きわたる。初期の大学と比べ、あらたに創設された大学は、君主や都市といった政治権力がその創設を決定し、その後教皇が認可を与える、といった経緯をたどることが多かった。ボローニャ大学、パリ大学、オックスフォード大学といった初期の大学において、なによりも重んじられていた学校教育の伝統や、大学共同体を取り結ぼうとする教師たちの意志は、あたらしく創られた大学のなかにも少なからず見受けられたし、それらは大学を成功に導くための要因ともなっただろう。だが、もはやそうした態度は優先すべきものではなくなっていく。

政治権力により「設立された」大学は、はやくも一二二〇年代には存在していた。しかしながら、たとえば一二二四年に皇帝フレデリック二世がナポリに創立した「ステュディウム（学苑）」は、かろうじて大学と呼べるかもしれないが、そこには大学の名にふさわしい自治・自律はほとんど見当たらなかった。また、アルビジョワ十字軍（一二二九年）ののち、トゥールーズに設置された学校も同様である。この学校は、ローマ教皇が一二三三年と一二四五年に優遇措置をとるまで、真に大学と呼べるものではなかったし、大学として確実に機能するようになるのは一二七〇年以後にすぎない。十三世紀を通じて、外部の権力機関が好んで大学を「創設」しようとした場所はイベリア半島である。この地において、世俗権力は公然と大学創設を主導したのであり、じっさい、イベリア半島に出現したサラマンカ大学(一二一八年)、バリャドリッド大学(十三世紀末)、リスボン大学(一二九〇年)、レリダ大学(一三〇〇年)は、その地に存在したさまざまな王国(レオン、カスティーリャ、ポルトガル、アラゴン)が創設したものである。いずれの大学も、教皇からの承認をとりつけたのは事後のことにすぎなかった。

一三〇〇年のヨーロッパにおいて、大学として確実に機能していたのは、せいぜい一二か一三の大学にすぎなかっただろう。一三七八年まで、大学創設の速度はゆるやかなものだった。この時期までに建てられた大学はヨーロッパ南部、とりわけイタリアに多かった。だが、そうした大学は、都市部に存在していた文法学校や法律学校をそのまま大学に改めただけのものであり、この時期に創られたおよそ二〇の大学のうち、後世にまで存続することができたのはその半数にすぎない。こうした文脈において創設された主要な大学は以下である。まず、十三世紀から存在していた法律学校を大学へと改編したものとして、オルレアン大学(一三〇六年)やアンジェ大学(一三三七年)が挙げられる。また、この時期にはアヴィニョン大学(一三〇三年)、ペルージャ大学(一三〇六年)、パヴィア大学(一三六一年)も創設された。かろうじて消滅をまぬかれた小規模な大学としては、カオール大学(一三三二年)、フィレンツェ大学(一三四九年)、ペルピニャン大学(一三五〇年)、シエナ大学(一三五七年)などが挙げられる。この時期にとりわけ特徴的なのは、ゲルマン地方ならびに中央ヨーロッパに初めて大学が出現したことである。一三四七年には、皇帝カール四世がその首都プラハに大学を設立したが、発足当初から困難が続いた。このカール四世のプラハ大学に対抗するため、周囲の君主もまた大学を創設しはじめる。こうして創設されたのが、クラクフ大学（一三六四年）、ウィーン大学（一三六五年）、ペーチ大学（一三六七年）である。とはいえ、これらの大学の運営はさらに困難をきわめた。そうした場所はほかにくらべていまだ古代の面影を留めており、大学が制度として発展するための充分な条件が整っていなかったのである。

大学をめぐるこうした状況は教会大分裂（一三七八〜一四一七年）〔ローマとアヴィニョンにそれぞれローマ教皇が立つ〕をへて一変する。カトリック教会の分裂はヨーロッパそのものを分裂させ、二つの陣営が敵対するようになるのである。こうした宗教上の危機により、近代国家台頭の機運が高まるとともに、国教会を創立しようとする動き〔ガリカニスム（国教会主義）〕も顕在化してくる。一三七八年には、大学と呼べる存在はいまだ三〇にも満たなかった。一五〇〇年になると、大学数はその倍以上にまで増加する（大学と呼ぶには議論の余地のある五つないし六つのケースのほかに、六二の大学が存在していただろう）。この時期、とりわけ三つの国において発展が見られた。まずはフランスである。地方に八つの大学が創立され（エクサンプロヴァンス大学、ポワティエ大学、カーン大学、ブールジュ大学ほか）、かつては都市部にかぎられていた大学がいまや全国規模となった。さらにスペイン（一四五〇年以降に五大学が発足）。だが、とりわけ発展が著しかったのはドイツである。一三七八年から一五〇〇年までのあいだにおよそ一二もの大学が創られ（エアフルト大学、ケルン大学、ハイデルベルク大学、ライプツィヒ大学、フライブルク大学、バーゼル大学、チュービンゲン大学ほか）、その大半が活況を示していた。この時期、ヨーロッパのなかで最も濃密な大学のネットワークが形成されていたのがこのドイツである。同じ時期、文化的・政治的な中心を占める強国に対して周縁的地位に留まっていたヨーロッパの国々でも、大学制度を導入しようとする動きが見られるようになる。そうした周縁国において、大学の導入は近代化のはじまりを意味するものでもあった。スコットランドではセント・アンドリューズ大学（一四一一年）、グラスゴー大学（一四五一年）、アバディーン大学（一四九五年）、スカンジナヴィア半島ではコペンハーゲン大学（一四七五年）、ウプサラ大学（一四七七年）が創立され、ポーランドではクラクフ大学の再建（一三九七年）が行なわれた。

他方、初期から存在する大学において、いまだ学部としては存在していなかったいくつかの学部、とりわけ神学部が創設されたという点、さらには、パリ大学、オックスフォード大学、ケンブリッジ大学において、コレージュ（カレッジ、学寮）が多く創られるようになったという点を付け加えておこう。このころから、大学とは区別されるコレージュ内でも教育が行なわれるようになった。通常、コレージュを創設したのは、富裕な慈善家や聖職者、君主やその重臣などであった。

2 増大する国家の役割――十四世紀から十五世紀にかけて生じたことで第二に重要なのは、世俗の

政治権力が大学に関与するようになったという点である。名目上は、大学は依然として教会が管轄していた。だがじっさいは、大学は次第に都市や国家により管理されるようになっていったのである。当時、都市や国家は発展のさなかにあり、行政をしかるべく確立することを必要としていた。そこで都市や国家は大学に対して以下の二点を要求するようになる。一つは、有能な役人として奉仕することのできる教養人や法学者を育成することであり、もう一つは、台頭しつつある近代国家を支えるための王政国家イデオロギーの形成に寄与することである。大学を管理下に置こうとする世俗権力の意図はさまざまな形となって現われた（大学人に認められていた自由および特権の制限、教授任命にさいしての介入、学生の徴兵といったもろもろの圧力）。こうして、大学は次第に王政国家体制に組み込まれていく。たしかに大学は、それと引き換えにいくばくかの財政的な援助を受けることができるようになったし（教師の給与）、大学人のなかには、華やかなキャリアが保証された者もいただろう。だが、それまで大学が誇っていた

自治は後退していく。パリ大学をはじめ、すでに長い歴史を有していた大学では、そうした自治の衰退に対して抵抗が試みられたが、それもいずれ終息してしまう。その理由としては、やはり財政難による大学の逼迫という状況が大きい。だが、大学人の立ちまわりのまずさも問題であった。彼らのなかには、政界入りし、役人として国家に仕えることに抗しがたく魅了されてしまう者も出てくるのである。他方、創設されて間もない大学といえば、そのほとんどが発足当初から土地の公国と密接に結びついていたため、あえて自治を要求することもなく、大学独自の威光を高めようともしなかった。そうした大学は、見返りとして君主からの厚遇を得るため、たやすく言いなりとなり、割り当てられた役割をあまんじて受け入れてしまう。役割とされたのは、正統とされた教義をそのまま学生たちに教授し、将来その地に仕えるエリートを育成すること、つまりは既成の社会的・政治的秩序に寄与することである。たしかに、大学をめぐって用いられた語彙やその制度だけをみれば、かつての大学が変わりなく存続していたように思える（あらたに創設された大学の大半は、初期大学と同名の規約があたえられた。たとえばヨーロッパ北部はパリ規約、ヨーロッパ南部はボローニャ規約である）。だがじっさいは、その誕生からわずか三世紀しかへていない十五世紀末の段階で、大学は著しく変容してしまったのである。

3　学生人口——中世の社会において、大学がどのような立場にあり、いかなる役割を果たしていたかを正確に把握するためには、学生人口という観点からも考察する必要がある。だが、適当な資料はきわめて乏しく、とりわけ十四世紀末以前についてはほとんど存在しない。参照することのできる資料は、それ以降のものばかりである（大学から教皇にあてた嘆願書に記載された学生名簿、またドイツであれば大学登録者名簿）。それゆえ近似値に留まらざるをえないが、そうした資料にもとづいて定量分析を行なってみよう。

以下に示す学生数に関して、数値のひらきが示すのは、大きな大学と小さな大学があったということである。

一四〇〇年前後のパリ大学の学生数は、多い時期ではなかったにせよ、それでも四〇〇〇人ほどに達していた（そのうち四分の三はリベラル・アーツの学生が占めていた）[1]。ボローニャ大学の学生数は二〇〇〇から三〇〇〇人だっただろう[2]。そのほか、トゥールーズ、アヴィニョン、オックスフォード、プラハといった大学では、多い年で一五〇〇から二〇〇〇人だったと推定される[3]。だがそれ以外の大学においては急に減って、二、三〇〇人程度にまで落ち込んでしまっている。たとえばフランスのカオール大学のようなきわめて小規模な大学では、学生数はたかだか二、三〇人にすぎなかった。

（1）巻末参考文献【5】六八～七三頁。
（2）巻末参考文献【6】四五～一三六頁。
（3）巻末参考文献【7】三～四〇頁、【8】九～八六頁。

それでは、学生数の推移に注目した場合、一般的な傾向を導きだすことは可能だろうか。いくつかの大学では、はやくも十四世紀前半、ペストが大流行する一三四八年までの段階で、学生数は最大規模に達したのち、停滞するか、緩慢にしか増加しなくなってしまう。とはいえ、その要因は、ペストの流行による人口全体の激減にあるというよりも、むしろ大学という組織自体の硬直化にある。また、あらたに創設された大学が既存の大学と競合関係にはいったこともその要因だろう。じっさい、そうした大学のなかには、ごく小規模に留まった大学が存在する一方で、立地や潤沢な資金にめぐまれ、目覚しい発展を遂げた大学も含まれていた。

十五世紀の状況を見てみよう。たとえばフランスにおいて、パリ大学の教師たちを嘆かせたのは、カーン大学やブールジュ大学との競争である。イギリスでは、学生数一七〇〇人をかかえるオックスフォード大学に対して、そこからの分派により創られたケンブリッジ大学が追い上げ、一三〇〇人ほどの学生を集めていた。とりわけきわだった動きを示したのはドイツの新参大学である（一四二五年に創設されたルーヴァン大学もふくまれる）。そうしたドイツの大学においては、一三八五年から一五〇〇年までのあいだに、年間登録者数が五倍から六倍にまで増加しており、この時期、およそ二五万人もの学生がドイツの大学にかよっただろうと推定される。[1] フランスに関して参照できるのは、大学から教皇あてに出された二つの嘆願書のみである。その嘆願書は一三七八年と一四〇三年のものであり、署名数はそれぞれ四七八八名と四四七八名である。資料に欠けているところがあること、またパリ大学のリベラル・アーツ学部の学生の参加がかなり少ないことを考慮するなら、当時のフランスの学生数は五五〇〇から六五〇〇人のあいだと推測することができるだろう。[2]

（1）巻末参考文献【9】。
（2）巻末参考文献【10】八五五〜九〇二頁。

神聖ローマ帝国〔ドイツ〕で顕著に見られた現象は、個別的なものではなく全般的なものだろう。数々の「時代の不幸」にもかかわらず、社会は学生の存在を求めつづけたのであり、そうした社会の要求を背景として、学生数は維持され、十五世紀末の数十年のあいだにはふたたび増加する。

4　地理的・社会的観点からみた学生の移動——教員名簿ならびに学生名簿を見ることで、さらに以下の二点が明らかになってくる。

①中世の大学人口はきわめて可動的だった。なぜなら理論上、当時の国境はなんら大学人の移動を妨

げるものではなく、大学の免状は国境を超えて効力を発揮するものだったからである。だがじっさいは、そうした大学人の移動を過大に評価することはできない。たしかに学生の移動は、大規模な大学（パリ、ボローニャ）には利益をもたらしただろう。だがそうした大学すら、遠方からの学生はつねに少数だった。たとえばボローニャ大学において、アルプス以北を出自とする学生の数は、おそらく学生人口の四分の一を超えることはなかった。中世末にさしかかり、国家や地域が創設する大学が増加すると、移動する学生はさらに減少していく。とはいえ、そうした情勢のなかでも、相当数の学生たちが移動を続け、かつて以上の力強い移動の流れが生み出されることもあった。たとえば人文主義の隆盛とともに、その名声をききつけた数多くの学生がイタリアに流入する。人文主義の名声は、当地の大学内にも反響していたのである。

じっさい、中世のいかなる時期であれ、国境を超えて移動する学生人口の多くを引きよせたのはイタリアとパリである。そうした学生の多くは神聖ローマ帝国および中央ヨーロッパを出身とする者だった。これに対して、イギリスの学生が向かったのはもっぱら自国のオックスフォード大学やケンブリッジ大学である。フランスやイベリア半島の学生も自国の大学に留まった。また、イタリアの学生のうち、派遣を命じられた少数の神学生をのぞけば、留学する者はごくまれであり、ほとんどの学生はけっしてアルプスを超えようとしなかった。(1)

（1）巻末参考文献【11】六五〜九〇頁。

②学生の社会的出自を割り出すことはきわめて困難である。中世の大学において、貴族階級の学生数が多かったことは一度もなかった。たいていの場合、貴族の学生が占める割合は五パーセントに満たず、例外的に多い場合でもせいぜい一〇から一五パーセントに留まった。当時、大学で学問を修めることは、

貴族階級が思い描くたぐいの文化を身につけることではなかったし、貴族階級が望むようなキャリアにつながることでもなかったのである。

他方、大学での修学期間は長く、相応の費用もかかることから、大学は人口の大半にとって縁遠い存在のままだった。すでに「貧乏学生」は存在していたものの――この言葉が社会的に何を意味していたかは曖昧である――少数にすぎなかった。たとえば十五世紀ドイツのリベラル・アーツ学部において、いわゆる貧乏学生は、多い場合でも全体の二〇パーセント程度に留まった。

以上のことから考えられるのは、学生ならびに学位取得者のほとんどが「中産階級」の出身だったということであり、しかも都市部の出身者にかぎられていたということである（公証人、商人、比較的裕福な職人）。すなわち当時の学生の大半は、自由に使うことのできるいくばくかの資産を有していた家庭の子弟なのである。それでも彼らにとって大学で学問を修めることは、さらなる社会上昇につながるものだった。大学に行くことは、収入を増やすまではいかずとも、少なくとも、より名誉ある安定した社会的立場を得るための手段だったのである。中産階級の子弟が目指したのは、たとえば高位聖職者の地位につくことである。十五世紀、とりわけフランスとイギリスにおいて、聖職の多くが学位取得者によって占められていたことを指摘しておこう。さらに中産階級の学生たちが望んだのは、医者のような私営業をいとなむことであり、君主に仕える役人として、行政機関や司法機関の要職につくことだった。たいてい、いったんそうした要職につくことができれば、職歴の半ばで貴族へと昇格することが保証されていた。それに加えて、コレージュの教授職ないし「正」教授のポストが増加したことで、学生たちのなかには教師になることを選ぶ者もいた。中世末には、官職世襲者、法律家、医者の子弟が大学にはいることはごくありふれたことになる。

第二章　大学と中世文化

かつて、中世における大学の歴史は、観念や教義の歴史とほぼ同義のものとしてあつかわれてきた。しかし、長いあいだ主流をなしてきたそうした見方は、正当ともいえる反動により斥けられてしまう。以後、中世の大学をめぐる関心は、その「外部の歴史」に向けられる。この「外部の歴史」が記述しようとするのは、教員の採用状況や学生数についてであり、大学制度のあり方、大学と社会や権力組織との関係についてである。だがそのさい、当時の教育内容についてはさして検討する必要がないとみなされてしまう。中世の段階で、大学教育は明らかな機能不全におちいっていたと決め付けられてしまうのである（たとえば大学の規約は遵守されていなかった）。とりわけ強調されるのは、中世の大学人の学問の限界である。すなわち、当時の教師や学生たちの学問は、おおよそ硬直した知識のたんなる再生産にすぎなかっただろうし、彼ら自身、そうした知識を深めようとも刷新しようともしなかっただろう、と。

極論ともいえるこうした見解もまた、こんにちでは斥けられている。たしかに中世の大学において、団体としての規約は遵守されておらず、教師たちは定められた授業数にもカリキュラムにもしたがわなかった。試験の不正も行なわれていた。つまり、怠慢や違反行為は大学に横行していたわけである。その無秩序ともいえるありさまは、中世末期にはますますひどくなる。それはとりわけ小規模な大学において顕著だった。このことは、当時の大学でなされていた教育のあり方からおのずと了解されるだろう。

単調な講義がくり返されるなか、学生たちはあからさまに、最小限の時間と費用で学位を取得することを目指していたのである。

とはいえ、より広い観点からいえば、学問が社会生活に役立つという考えは、研究に本格的に取り組む者たちのあいだにも確実に存在した。たしかにこんにちのわれわれには、中世の大学で教えられていた科目はあまりに抽象的に見えてしまう。しかし当時の大学人たちが確信していたのは、学問それ自体に目的などなく、知識に触れることで必ず個人的な利益が引き出せるはずであり、社会的に認知された目的に奉仕するための能力を身につけることができるはずだということである。例外はあるが、当時の大学人たちは、知識を得ることだけに享楽をおぼえるような利己的な考えを斥けていた。知識とは神のたまものなのだから、それはキリスト教社会を確固たるものにし、魂の救済にも役立つだろう、と。

とはいえ、歴史家であれば、そうした考察に留まらず、中世の大学で教授されていた科目の具体的な内容にまで踏みこみ、大学から生まれたもろもろの教義を詳らかにすべきだろう。少なくともたしかなのは、主要な大学都市（パリ、オックスフォード、ボローニャ、パドヴァ、モンペリエ）を拠点として、あらたな理論や知的実践が開始されたということである。そうした理論や実践は西ヨーロッパの各地にまで広く浸透し、文化全体を高めていく。ところで、近代思想の基礎をなしているのは中世の思想である。中世の思想こそ、長いあいだ誤解されてきたのち、正当に再評価されようとしているのだ。中世の大学人たちはこのうえなく忠実に「原典」にもとづきながら、自分たちが進歩をもたらす主体であることをはっきりと自覚していた。「巨人の肩に乗った小人は、その巨人よりも遠くを見ることができる」。これははやくも十二世紀、司教座聖堂付属の学校長シャルトルのベルナルドゥスが述べた言葉である。

さらに、中世の大学がもたらした文化上の成果は、何人かの偉大な教師たちが打ち出した革新的な教義だけには留まらない。たとえば中世の学生たちは、さほど勤勉ではない学生であれ、きわめて確実なものを大学から得た。それは「基礎の文化」と呼べるものであり、具体的にいえば、厳密に推理するやり方、テクストを詳細に分析する方法、世界を一貫したものとして捉えるために欠かすことのできない一般概念である（のちに見るように、それらはおおよそアリストテレスに由来している）。こうした「基礎の文化」は十二、十三世紀から次第に中世社会に浸透しはじめ、その影響力を着実に発揮していく。その「文化」は、大学人ないし学位取得者たちのいわば同心円的な運動のなかで育まれると同時に、そうした枠組みをこえて伝播していったのである。具体的に想像してみよう。たとえば、学位を取得することなく大学を退いてしまう学生は、その数の特定は難しいが、過半数を占めていただろう。その後の経歴はつましいものだったにちがいない。だが「基礎の文化」は、たとえ堅固なものではないにせよ、そうした者のうちにも残存していたのである。学位取得者ならば、その後の社会生活でどのようにふるまっただろうか。神学教授になることを選んだ者は、どのような説教をなしたのか。裁判官や弁護士になった者は、いかなる判決をくだし、どのような弁護を行なったか。医者であれば、その診断はどうだったか。人文学士となり、小さなラテン語学校の教師になる者もいただろう。彼は大勢の生徒（とりわけ都市部）を相手に、大学で身につけた教義や知的実践をおりまぜながら授業を行なったはずである。このようにして、大学を通じて獲得された力能は社会のなかに現われていく（とはいえ、そうした力能は、出自や経歴を絶対的なものとみなす潮流とつねに闘わねばならなかった）。まさしくJ・ル・ゴフの言うように、西ヨーロッパに初めて「知識人」という社会的形象をもたらしたのは、中世の大学であり学校なのである。

I　知の体系と学部のヒエラルキー

大学の科目が出そろい、定着しはじめるのは十三世紀である。とはいえ、すべての科目を総合的にあつかう大学は少なかった（オルレアン大学では法学のみが教えられたし、長いあいだ、神学をあつかう大学はパリ、オックスフォード、ケンブリッジといった大学にかぎられていた）。十四世紀末には、伝統にならい、すべての大学は「四学部」（リベラル・アーツ、医学、法学、神学）を備えるべきだと考えられるようになるが、それも実現されることはまれだった。

科目を取りまとめるさいに目指されたのは、古代ギリシア・ローマ時代に形成された知の体系を取り込むことである。その体系は初期教会の教父たちに引き継がれ、十二世紀の著述家たちにも取り上げられてきた。つまり、古代の知的体系にならうことは、教養の全領域をカバーすることにつながると考えられたのである。ただし「工芸」や「営利目的の学問」（市民法や医学）は、肉体労働や金儲けに対する従来からの軽蔑のため、当初は中心科目からはずされた。他方、構想されたカリキュラムは、初回の講義でこそ整然と学生に説明されたものの、それを実施しようとすると、複雑すぎるばかりか矛盾すら含むことが明らかとなり、収拾がつかなくなることもしばしばだった[1]。それでも、科目編成の基本的な性質は次第に定着していく。

（1）巻末参考文献【12】五〜二七頁。

ここから出てくるのが、科目を予備課程と高等課程に分けるという発想である。学生は、予備課程でしかるべく準備教育を受けたのち、高等課程にすすむことができる。予備課程は「リベラル・アーツ」という古来からの呼称のもとに取りまとめられた。

リベラル・アーツはさらに二つに区分される。一つは「トリウィウム〔三学〕」と呼ばれるものであり、これは言葉や記号をあつかう技芸である（文法学、修辞学、弁証法）。もう一つは「クワドリウィウム〔四科〕」と呼ばれるものであり、これは事物および数をあつかう（算術、音楽、天文学、幾何学）。人びとは当時からこうした一般予備課程のことを「芸術学部」〔今でいう「人文学部」。以下「人文学部」と表記する〕と呼びならわしていた。ただし、大学によってこの人文学部のあり方はさまざまだった。たとえば地中海沿岸地域の大学では、人文学部に対する取り組みそのものが弱く、その地方で主流をなしていた法学の必要に応じて、もっぱら文法学と修辞学のみが準備課程として教えられていた。他方、パリ大学やオックスフォード大学では、初級文法学（すなわちラテン語）は部分的に大学予備学校が担う科目とされていた。そして、人文学部の根本とされたのは弁証法（論理学）である。弁証法はなによりもアリストテレスの『オルガノン』にもとづいていた。つまりアリストテレスの論理学集成であり、それは古代からその当時までの注釈家たちの仕事により補完されていた。さらに十三世紀には、その弁証法の授業に加えて厳密な意味での哲学の授業がなされるようになる。哲学も弁証法と同様アリストテレスにもとづき、アヴィセンナやアヴェロエスが注釈を加えたその『自然学』『形而上学』『倫理学』を参照した。こうした人文学部から哲学部への転換にさいして、当初、権威機関は黙認するだけだったが、十三世紀の半ばにはそれを正式に認可するに至る（一二五三〜五五年のパリ規約）。

それでも人文学部の困難は続いた。誰もが認めていたように、人文学部は自律的なものではありえなかったからである。たしかにそれ自体は発展を遂げたものの、人文学部は依然として高等課程に進むためのたんなる準備課程であり、高等課程の要求に従わなくてはならなかった。その高等課程の中心とされたのは聖なるものについての学である。少なくとも、高等課程が置かれていたパリ大学、オックスフォード大学、ケンブリッジ大学ではそうだった。

聖なるものについての学は二つのかたちをとった。中世初頭から取り組まれてきた聖書の注釈学と、十二世紀を通じて形成された厳密な意味での神学である。神学は、聖書の注釈から引き出される「命題」（教義を定式化したもの）と「問い」をめぐり、弁証法の方式にもとづいて討論するという活動から生まれた。神学が完全に独立した学問になるのは、十三世紀、アリストテレス哲学の絶大な影響のもとにおいてである。神学において、権威である教会に対する服従は遵守され、神の啓示を神秘とみなす態度もそのまま保持された。神学が任務としたのは、真正なるキリスト教哲学を打ち立てることであり、その哲学は、神やその本性、神の天地創造や最後の審判について、人間が知りうることを可能なかぎり理論的に理解しようとするものである。

こうした哲学と神学の結びつきは果てしない議論を呼ぶ。他方で、十三世紀には、古代の学問体系のうちにほとんど含まれることのなかった二科目、法学と医学が多くの大学に取り入れられる。大学が法学と医学を教えることは、明らかに社会の利益につながることだったし、学生たちもそのおかげでより高い地位の職業につくことができるようになる。だが利益はそれだけには留まらなかった。神学ほどではないにせよ、医学と法学をあつかうことによっても、大学は自身が知的なものに関する権威であることを宣揚することができるようになり、倫理的な機関であることを周知させることに成功したのである。また、かねてから教会が大学の世俗的、営利的な側面に向けていた疑いを晴らすことにもなった（だが、パリ大学で民法学は禁止された）。

当初、法学という名で教えられていたのは民法学だった。すなわちそれはボローニャで十二世紀に「発見された」という『市民法大全』のことである。むろんその「市民法」がそのまま中世社会に適用可能だったわけではない。それでもその「市民法」が権威とされたのは、それがローマ時代の由緒ある法典であり、そこには法に関するもろもろの重要な原理が含まれていたからである。たとえばそこには正義と不正義を区別するための原理が含まれていただけではない。そこには、古来の野蛮かつ封建的な習俗に代えて、私的・公的の両面から社会生活を調和・調整するための原理も記されていた。

以上のような民法学には、十二世紀を通じて徐々に教会法学がつけ加わる。その教会法学において参照されたのは、グラティアヌスが編纂した教会法令集（『グラティアヌス教令集』）や、歴代のローマ教皇が十四世紀初頭までに下したさまざまな決定事項を取りまとめた『教皇教令集』である。教会法においても民法学と同様に、ローマ法からの影響は色濃く認められた。教会法学がどのように機能したかといえば、それは教会制度の強化の道具としてであり、教皇至上権を肯定するための手段としてである。神学者たちのあいだには慎重な意見も聞かれたが、結局、教会法学の博士たちは、いずれ教皇からじきじきにローマ・カトリック教会の「天空に輝ける星」として賞誉された。

法学がかなりの程度まで独立を認めさせることができていたのに対し（法学生の多くは予備課程である人文学部を免除された）、医学は、たんなる経験医術とみなされることを斥けねばならず、それゆえ、アリストテレスの自然哲学とのつながりを強調しなければならなかった（南イタリアやスペインにおいては、アリストテレスのみならず、ガレノスをはじめとするギリシア医学体系、ラーゼス、アヴィセンナ、アヴェロエスらによるアラブ医学体系が翻訳され、学問の充実がはかられた）。こうした手続きをへて、医学は合理的な学問、人間の生理についての学という立場を確立していく。また、医学に本来的に含まれる自然主義的な傾向は、医学が同時にキリスト教的な職業倫理にかなうものであるという点によってうまく緩和された。とはいえ、医学教育が精力的に行なわれていた大学はそれほど多くはなく（モンペリエ大学、ボローニャ大学、パドヴァ大学、パリ大学）、たいていの場合、人びとは、大学の外で養成された市井の一般開業医（外科医、外科医を兼ねた理髪屋）のもとをおとずれていた。もっとも、そうした開業医が行なう医療行為は、大学医学部の管理下に置かれていた。

II　スコラ学の方法

中世の大学で実践されていた教育法の大部分は、大学の誕生以前に学校で用いられていた方法に由来している。とはいえ、その方法は、大学に取り入れられて初めて厳密なものとなった。のちの人文主義者たちは、そうしたスコラ学の方法に対して、柔軟さをことごとく欠いているとして批判したが、じっさいはその方法は厳密なだけでなく、柔軟な性格もそなえていた。いずれにせよ、スコラ学の方法からはおもに三つの原理を引き出すことができる。教材として書かれた著作ならびに大学の規約を参照してみよう。

1　原典――すべての科目において、教育は数少ない「原典」にもとづいていた。原典とされたのは、学知全体を含むとまでは言えないにせよ、少なくとも、あらゆる知識の基礎となる一般原理が書かれているとされたテクストである。

主要な原典として用いられたのはそれぞれ、文法学はプリスキアヌスの著作（五〇〇年頃）、論理学と哲学はアリストテレスの著作、神学は聖書、法学は二つの集成（『市民法大全』と『教会法令集』）である。医学において「原典」は混成的だった（ヒポクラテスおよびガレノスの医学論集、アラビア語から翻訳された医学概論）。以上のような原典には「現代」の原典がつけくわわる。すなわち、十二、十三世紀の偉大な教師たちにより著わされた体系的な概説書である（たとえば神学においては、一一五〇年頃ペトルス・ロンバルドゥスにより執筆された『命題集』がそうであり、より時代の近いものとしてはペトルス・コメストルによる『スコラ学史』が挙げられる）。そうした概説書には「一次的」原典の注釈書として書かれたものも、単独に書かれたものも含まれていた。これらは教義の面からいえばおおむね中立的であり、それ自体が教材として用立てられた。

2　講読と討論——スコラ学の中心的方法とは講読（レクツィオ）と討論（ディスプタツィオ）である。

これらの方法はすべての学部で実践されていた。講読は以下の二つに区分される。一つは、定められたテクストを用いて、文をすばやく敷衍しながら読み進めるというものである（「特殊」講読）。この場合、授業を担当したのは上級学生かバシュリエ（バカロレアを取得した学生）である。もう一つは教師が担当する「通常」講読であり、そこではより踏み込んだ読解が行なわれた。目指されたのは、中世初期の注釈学のように、文字どおりの意味の背後にかくされた霊的な意味に到達しようとすることではなく、テクストを丹念にたどり注釈を加えながら「問い」と「事例」がおのずと浮かび上がるようにすることである。「問い」はのちに単独であつかわれるようになり、「討論」という実践的な形式（そして文学的なジャンル）へと発展する。「討論」とは教師の指導のもと、学生が聴衆のまえで議論をたたかわせることである（その討論は教師がくだす「結論」により締めくくられた）。原典からの引用や参照はすべて暗記したものにかぎられ、推論は必ず三段論法の方式に則ることとされた[1]。

（1） 巻末参考文献【13】。

討論は教師の教室で行なわれることもあれば、学部全体で開催されることもあった。たいていの場合、討論の主題となる問いを選ぶのは教師だったが、聴衆のなかから問いが自由に提起されることもあった（「任意の（コリベ）」討論）。

討論が活発に行なわれていたのは人文学部と神学部である。それらの学生たちは仲間うちで議論をたたかわせ、才気を競い合った。こうした討論こそ、スコラ学的方法の典型を示すものだろう。討論の効用とされたのはつぎの二点である。すなわち、討論は学生の教育に役立つとともに、真理の発見のための手段にもなる。しかし十四世紀には、討論は意味のない饒舌を助長するとして批判されるようになり、次第に信用を失っていく。

3　学位――十二世紀、教会が「リケンティア・ドケンディ」を打ち出したのに対して、大学は、試験と学位授与という大学内で完結したシステムを組織する。試験を監督したのは教師たちであり、シャンスリエ（司教庁法官）はそれに対していかなる権限ももたなかった。試験がこうして集団的に管理されていたからこそ、交付される学位は、学生たちの知的能力を保証するものとして公の信憑を得ることができたのである。こうして、学位を授与された学生たちの知識は、のちの社会生活のなかで換金可能な「社会資本」へと変換された。他方、学生は学位試験にさいして多額の受験料を支払わねばならず、その受験料はもっぱら大学の運営費用や教師の給与にあてられた。

当時の学位には、段階別におおよそ三種類存在していた。通常、バカロレア（学士号取得資格）は大学内のそれぞれの教場のなかで授与されていた。学生が独力でテクストの読解や解釈をある程度までこなせるようになり、討論の「受け答え」が充分にできるようになれば、教師はその学生の学力を進級可能なものとして認め、バカロレアの授与を決定した。他方、リケンティア・ドケンディはこのころになるとリケンティア（リサンス＝学士号）として、教師たちを審査員とする試験をへて授与されていた。その試験の場にはシャンスリエも臨席したものの、たんなる議長としてだった。審査されたのは受験者の「生活、習慣、学問」についてである。バシュリエは、難しいことで知られていたその試験に受かると（受験者は何回もの討論を耐え忍ばなければならなかった）、こんどはリサンシエ（学士）として、希望次第で修士号ないし博士号〔マギステリウム〕に志願することができるようになる。とはいえ、その志願者に求められるのはもはや試験ではなく、教師としての就任行為である（就任講義、討論の司会）。志願者は、そうした行為を通じて、その称号を表わす記章を授かるとともに、教師の団体（コレージュ）に受け入れられる。この時点で教師としての資格が正式に与えられたことになり、じっさいに教壇に立つことができるようになる。

4　書き言葉と口頭表現——大学での教育はもっぱら口述でなされていた。

これは討論を引き合いに出すまでもないだろう。教師は「講読」内容を書き取らせてはならなかった。当時の学生はノートを取らずに教師の説明を追いかけていたのである。とはいえ、書物は当時の教育においても重要な役割を果たしていた。教師は学生たちに向かって「読みあげる」原典を所持していなくてはならず、先行する主要な注釈家を参照せねばならなかった。学生もまた、少なくとも、授業で読みあげられたテクストならびにそのテクストに付された「通常」の注釈はすでに所持するものとみなされ、それを授業の理解に役立てていた。そうしたなか、教師自身が取りまとめた講読や討論の記録のみならず、聴講者によるその異本が広く学生たちのあいだに出まわるようになった。

当時から大学では、教師や学生が身近に書物を利用できるようにするための努力はなされていた。だがじっさいは、図書館を有していたのは規模の大きなコレージュのみであり、そうした状況は十五世紀まで続いた。そのため、大学は書籍商を管轄下におき、いわゆる「原本（エクセンプラル）」と「分冊（ペキア）」からなるシステムを促進する。これは、同一の「原本」から写本用の「分冊」をつくるというシステムである。このおかげで、流通するテクストの質の悪化を防ぐことができるようになり、一冊の書物を同時に何人かで手分けして写本することも可能になった。

それでもやはり、大半の学生にとって書物は値段が高く、手の出せる代物ではなかった。そのかわりに学生たちのあいだで出回ったのは、さまざまなジャンルの概説書や詞華集である。いずれにせよ、書物の出版状況は充分とはいいがたく、このことは、当時の大学教育が置かれていた困難な状況の一端を物語るものだろう。

Ⅲ　中世の大学教育の成功と失敗

中世の大学における成功と失敗について、ここでそのすべてを詳らかにすることはできない。成功については言うまでもないだろうし、その成果は十三世紀に留まらない。じっさい、それぞれの学部が独自に成功を収めたのである。

人文学部をみてみよう。たとえば文法学と弁証法（論理学）は、たんなる準備教育としての役割をこえて、一二五〇年以後、パリ大学、ついでオックスフォード大学で、思弁文法学や形式論理学というあらたな学問へと発展を遂げる。そこには現代の論理学や言語学につながるいくつかの着想がすでに含まれていた。

哲学は、それが独自の学問として定着してからも、依然として神学と利害をともにしなければならなかった。たしかに、一二六〇年から七〇年にかけてパリ大学で行なわれていたアリストテレス読解はすでにきわめて充実したものだった。その読解を支えていたのはアヴェロエス（一一二六〜九八年、コルドバ生まれ。アリストテレスのほぼ全著作にわたりアラビア語で注釈書を著した）による注釈の仕事である。そのアリストテレス哲学の隆盛のなかからは、哲学教育の自治・自律を求める運動も発生する（ブラバントのシゲルス、ダキアのボエティウス）。だが一二七七年三月七日、パリ司教は「アヴェロエス主義的な」二一九の命題に対して、神の啓示と両立しえない決定論および自然主義を表現しているとして、それを断罪する。その結果、哲学は神学を補佐する「はしため」の位置に引き戻されてしまうのである。(1) 他方、十四世紀には、唯名論とも呼ばれることになる一大潮流が形成される。その潮流はオックスフォード大学のウィリアム・オッカム（一三〇〇年以前〜四九年頃）により開始され、世紀半ばにはパリにまで伝播した（ジャン・ビュリダン、ニコル・オレーム）。唯名論は、自由のための個人主義哲学と経験論的認識論を接合するものであり、教会は当初それを認めようとしなかった。だが最終的に唯名論は、伝統的なアリストテレス主義に対する「あらたな道」としての立場を確立するに至り、十五世紀には広くドイツや中央ヨーロッパの大学の人文学部のなかにまで浸透していく。

（1） 巻末参考文献【14】。

中世神学に固有の数々の功績のうち、最も有名なのは、アルベルトゥス・マグヌス（一二〇〇～八〇年）が基礎を打ち立て、トマス・アキナス（一二二四～七四年）が確立した総合的哲学体系である。このトマス・アキナスの教説とは、神と天地創造との統一的なヴィジョンのうちに、自然と超自然とを和解させようとするものである。この教説はドミニコ修道会の公式教義として認められる一方で、大きな批判も呼び起こした。とりわけ辛らつな批判を行なったのは、ボナヴェントゥラ（一二一七～七四年）からドゥンス・スコトゥス（一二六六～一三〇八年）に至るフランチェスコ修道会の神学者たちである。彼らはアウグスティヌスの伝統の忠実な継承者であり、その教説にもとづき、人間が本来的に脆弱であり、啓示こそ神の愛に到達するための唯一の道だと考えた。他方、十四世紀における神学の功績としては、先に述べた「唯名論」が挙げられる。「唯名論」を支持した者たちは「現代的な」神学者とみなされ、反主知主義者たちからの不信を深めることになった。

法学において最初にあらたな動きを示したのはボローニャ大学である。ローマ法が初めて再評価されたのがボローニャ大学においてであり、そこでは、ローマ法の基本原理が見直されるとともに、教会法の編纂も行なわれた。さらに、ヨハネス・アンドレアエ、バルトルス、バルドゥスといった十四世紀の偉大な法学者たちは、アクルシウスをはじめとする十三世紀の注釈家たちの仕事をふまえながら、教皇君主制ならびに中央集権国家の確立に貢献すべく、ローマ法の体系化を行なった。だがこのほかにも、たとえばオルレアンなどに、独創的な法律学派が生まれている。

最後に医学をみておこう。医学は、ボローニャ、パドヴァ、モンペリエといった大学で教えられていた。それは、古代ギリシアやアラビア世界の医学を全面的な拠りどころとしながらも、医学的な知が合理的な学問であることを認めさせるに至った。大学の医学教育の功績として挙げられるのは、それが医療行為の専門職化をうながし、外科治療に対する見直しの端緒を開いたという点だろう。

1 スコラ学の限界

――とはいえ、中世の歴史は、大学文化がもたらした数々の功績のみならず、その限界も明らかにしている。たとえば、中世の大学のあらゆる学問領域において、古代からの学知の分類法がそのまま尊重されていた。それは教会による管理の結果でもあり、大学人自身がいまだ抱いていた社会的な偏見のせいでもある。中世の大学は、そうした分類法に対する尊重とひきかえに、数多くのものごとに対して無知であった。たとえば、中世の大学は俗語表現（文学、慣習法）に対していっさい許容しなかっただけではない。同じラテン語文化であるにもかかわらず、十二世紀にはすでに見られた諸潮流とは断絶したまま、大学は、歴史学をなおざりにし、文芸を重視せず、古典作品の研究にも取り組まなかった。さらに「クワドリウィウム（四科）」として教えられてもよさそうな精密科学は中心的な科目から外され、ときには任意選択科目としてあつかわれることもあった。じっさい、中世の大学は、いまだ数量をあつかう学問に対して不慣れなままであり、実験という方法を活用することもなかった。それゆえ、いわゆる精密科学においては、アリストテレスやプトレマイオスによって確立された旧来からの学問の枠組みを超えて発展していく可能性自体が制限されていたのである。さらに技術教育は工芸の一部と見なされ、学者が取り組むに値しないものと考えられていたので、大学で取り上げられることすらなかった。建築家や十四世紀に初めて登場する技師は、大学の外で教育を受けねばならなかったのである。

だが、こうした外在的な限界以上に強調されなければならないのは、内在的な行きづまりである。すなわち、中世の大学のあり方そのものが、知的な発展を妨げる要因ともなったのである。

すでに見たように、弁証法を全面的な拠りどころとするスコラ神学のあり方は、哲学の解放のみならず、神学自体の発展を妨げる要因ともなった。たとえばそれは、聖書注釈学を歴史学や文献学へと開いていこうとするあらたな試みを挫かせただけではない。それは、一般信徒のうちに広く普及していた、情動、さらに神秘を通じて神と向かい合う方法を考慮に入れることもなかった。たしかに神学者のうちには、マイスター・エックハルト(一二六〇年頃〜一三二八年頃)のように、そうした問題に取り組む者もいた。だがエックハルトの神秘主義神学は教会から断罪されてしまい、以後、彼は大学の外で議論を展開せざるをえなくなる。中世末にさしかかると、異端者のみならず、宗教改革(オランダで生じた「あらたな信心(デウォーチオ・モデルナ)」運動)を望む一般信徒のなかからも、大学神学部に対する激しい批判が叫ばれるようになる。彼らが批判したのは、神学教師たちの倨傲、教会法学者たちの非人間的な厳格さであり、情熱を欠いた神学者たちの不毛な饒舌にほかならない。

2 人文主義者による批判——大学文化に対して、きわめて的確な批判を行なったのは人文主義者である。

人文主義とは、ギリシアの古典作品ならびにラテン語文芸を復興し、そうした文芸に託されていただろう倫理的価値を復活させようとする運動である。人文主義が勃興したのは十四世紀なかば、詩人ペトラルカ(一三〇四〜七四年)が活躍したトスカナ地方においてである。この人文主義の名声はイタリア全土にとどろき、さらにはアルプス以北にまで知れわたる。「最初のフランス人文主義」が誕生したのは一三八〇年頃のパリにおいてである。その規模は比較的小さかったが、人文主義という運動は以後途絶えることなく、やがて北ヨーロッパにまで浸透していく。その地において人文主義は「あらたな信心」運動と合流し、教育問題への関心をさらに深めていく。

程度の違いこそあれ、初期人文主義者の多くは大学に在籍していたことがあり、それゆえ必ずしも大学と人文主義とのあいだに対立を見なければならないわけではない。それでもやはり、人文主義者がラテン文学という原典に立ち返ることを礼讃したのは大学の外においてであり、それはおおむね、大学における弁証法の優位や「唯名論」の行き過ぎに対する批判や反発にもとづいていた。人文主義者は、そうしたラテン文学への回帰を通じて、キリスト教にふさわしい真の哲学を基礎づけようとしたのである。まもなく人文主義者は、あらたな文献学的、修辞学的な読解方法を、聖書の解釈にまで適用するようになる。彼らはまた、ラテン語のみならず、ギリシア語やヘブライ語といった古代言語の研究を推し進めたほか、俗語を学問にふさわしい言語にまで高めようとつとめた。

とはいえ、大学はそうしたあらたな潮流に対して閉鎖的でありつづけたというわけではない。十五世紀末になると、イタリアのほとんどの大学で、俗語を対象とした修辞学や文法学の授業がなされるようになる。さらにそうした取り組みは、散発的ながらアルプス以北の大学でも見られるようになった。だがアルプス以北において、俗語の修辞学や文法学の授業はたいてい自由選択科目でしかなかったうえ、そうした授業を行なうのは特定のコレージュ（パリ大学のコレージュ・ド・ソルボンヌ、オックスフォード大学のモードリン・カレッジ）にかぎられていた。

いずれにせよ、大学の大義はいまだ手放されてはいない。だが、大学教育（とりわけ高等課程）は、大学に向けられていた社会の期待（これはまもなく政治権力の期待に取ってかわる）から大きく遠ざかろうとしており、その隔たりは、深刻な問題として明白に意識されるようになる。この問題は、近代の大学の歴史を通じてさらに重くのしかかることになる。

第三章　近代の大学、権力、社会（十六～十八世紀）

従来の研究において、近代（十六～十八世紀）の大学はさほど重要視されてこなかった。それは、近代の大学がもはや独創的な文化の担い手ではなくなったとみなされてきたからである。しかしながら、大学制度がいまだ根づよい支持を得ていたことを示す証拠は数多い。

Ⅰ　大学制度の変容

1　あらたな大学の創設——大学は近代にはいっても創設されつづける。一五〇〇年の時点で正常に機能していた大学の数はおよそ六〇だったのに対し、一七九〇年には一四三にまで増加する。じっさいにはこの間に創立された大学は一三七におよんだが、そのうち五〇ほどの大学は存続することができなかった。大学増加の速度は次第に低下していく。数字を具体的に示すなら、一五〇一年から五〇年までに二六大学、一五五一年から一六〇〇年までは四七大学、一六〇一年から五〇年には二四大学があらたに創設されている。これに対して一六五一年から一七〇〇年になると一二大学、一七〇一年から五〇年も一二大学、一七五一年から九〇年は一六大学である。さらに一六五一年から一七九〇年にかけては、大学の移転や統廃合が頻繁に行なわれ（四一大学）、それが創設数（四〇大学）をわずかに上まわっている。

大学創設はあらゆる地域でなされたわけではない。たとえば、オックスフォード大学とケンブリッジ大学を有するイギリス、コインブラ大学のポルトガル、クラクフ大学のポーランドにおいては、そうした大学が独占状態にあり、大学が新設される余地はなかった。大学創設が比較的多かったのは、スペイン、イタリア、フランスである。とはいえ、その数はかぎられたものでしかなく、規模も小さいものに留まり、中世から存在している大学から大きく遅れをとることになった。こうした状況のなか、あたらしく創られた大学において目覚しい発展が見られたのは、一五〇〇年の時点でいまだ充分な大学教育が組織されていなかった北ヨーロッパ――オランダ連合州またはドイツからスカンジナヴィア諸国や東ヨーロッパにかけて――においてである。その北ヨーロッパの新設大学として挙げられるのは、ケーニヒスベルク大学（一五四四年）、ライデン大学（一五七五年）、グラーツ大学（一五八五年）、ダブリン大学（トリニティ・カレッジ、一五九二年）、トゥルク大学（一六四〇年）、ハレ大学（一六九三年）、ゲッティンゲン大学（一七三三年）、モスクワ大学（一七五五年）などである。

以上のように、大学数は全体としてこの時期増加したものの、政治、経済の中心地であったロンドン、アムステルダム、アントワープ、ブリュッセル、ルーアン、リヨン、マドリード、ミラノ、ベルリン、サンクトペテルブルグのような大都市においてはいまだ大学は存在しなかった。そうした都市の政府やブルジョワ階級のエリートは、大学に対して警戒心を抱いていたのである。

さらにはこの時期、大学制度はヨーロッパの外に拡大し、アメリカ大陸の植民地にも根づきはじめる。ラテン・アメリカにおいて、最古の大学として挙げられるのはサント・ドミンゴ大学（一五三八年）、リマ大学（一五五一年）、メキシコ大学（一五五一年）である。これらの大学は、国王の特許状にもとづいて創設された。そのさい大学のあり方として参照されたのは、スペインのサラマンカ大学やアルカラ大学の規約であり、ラテン・アメリカの大学はほとんどつねに、ドミニコ会やイエズス会といった修道会の監視下におかれていた。教えられていたのはもっぱら神学ないし教会法学である。すなわち、ラテン・アメリカの大学は明らかに植民地政策ならびに宣教活動の一環として創設されたのである。独立以前の主要なスペイン植民地においては、およそ二〇の大学がある程度の成功を収めることができた（当時ブラジルにはまだ大学は存在しなかった）。一方、北アメリカにおいて、最初の大学はカレッジとして創立された。その創設は現地の自発性によるところが大きく、目的とされたのは、イギリス人入植者が必要としていた牧師ならびに行政官の育成である。そうした北アメリカの初期カレッジとして挙げられるのは、ハーヴァード・カレッジ（一六三六年）、ウィリアムズバーグ・カレッジ（一六九三年）、イェール・カレッジ（一七〇一年）である。一七七六年の時点で北アメリカには九つのカレッジが存在していた。(1)

（1）巻末参考文献【15】、【16】。

以上のような大学数の増加の要因として、一つには国民国家の台頭、ドイツやイタリアならば公国の力の高まりが挙げられるだろう。さらには、一五二〇年以降、宗教上の大きな断絶をもたらしたプロテスタント宗教改革もまた大学増加の要因と考えられる。数字だけをみれば、プロテスタント諸国が有していた大学の数は、ヨーロッパの全大学のうちの三分の一にも満たなかった。だが、宗教改革とそれにつづく宗派間の争いを背景として、すでに名の知られた高等教育機関をいくつも擁していたプロテスタント諸国は、さらにそれをネットワークとして拡充していく。カトリック教会もまた、とりわけプロテスタントとの境界に位置する地帯（オーストリア、バイエルン、ラインラント）に大学を増設する。そうした大学は改革勢力に抵抗するための拠点とされ、失地回復のための布教活動を託された。

2 大学制度の分裂──中世から存在していた大学のほとんどは、依然としてその影響力を誇ってい

た。そうした大学は旧来からの制度をそのまま維持しているとみなされ、その制度は大学をあらたに創設するさいのモデルとされた。だがじっさいは、大学のあり方自体、すでにさまざまな変革が生じていた。その要因の一つに挙げられるのは、教育をめぐる考え方の変化である。さらには、多くの大学が次第に国家の機関、地域の機関としての度合いを強めていったという点が挙げられる。いまや大学という類型自体が曖昧なものとなり、大学をめぐる用語も複雑をきわめる。すなわち、大学はいまだ中世に起源をもつ「ウニヴェルシタス」の名で呼ばれ、それゆえ統一的な機関であるとみなされていたものの、じっさいの大学はそれぞれに異なったあり方をするようになっていた。大学は、国家の機関としての性質を受け入れ、局所的な活動を優先するようになっていくのである。

たとえばプロテスタントの大学──ルター派、カルヴァン派、英国国教派──とカトリックの大学を区別することができる。さらにカトリックの大学のなかでも、とりわけ南ドイツやオーストリアにおいては、イエズス会が設立した大学が多く見受けられたほか、イエズス会コレージュが人文学部や神学部を吸収してしまい、大学の主導権がイエズス会にわたるといったケースも生じた。しかしその他の大学、たとえばパリ大学においては、在俗教師たちによる抵抗がなされた結果、イエズス会は大学のうちに地歩を固めることはできなかった。さらに別の観点から見れば、大学は以下のようにも区別される。一つは、学部を中心とした中世来の編成がいまだ強固に存続していた大学である。もう一つは、そうした学部中心の編成に対して講座制を主とする大学であり、それは広くドイツに見られた。さらにもう一つは、カレッジを単位として編成された大学である（カレッジ制大学）。このカレッジ制大学において、教師や学

生は数あるカレッジのいずれかに所属し、ほとんどすべての講義がそうしたカレッジのなかで開かれた。その端的な例としてオックスフォード大学やケンブリッジ大学が挙げられるだろう。そうした大学とは逆に、トリニティ・カレッジ(ダブリン大学)やスペイン、アメリカのいくつかの小規模な大学においては、カレッジは各大学に一つしか存在せず、組織の集中化がはかられていた。

大学はつねに公的機関として規定されていた。すなわち大学は、宗教的および政治的な権威によって創設されるか、そうした権威による認可を戴くものだったのである。いまや、大学にとっての権威は多岐にわたる。これまでの教皇や皇帝に加えて、国家的・局所的な範囲で権限をふるう国王や君主、さらには都市や各宗派の共同体もまた大学にとっての権威として現われてきたのである。ところで、大学であることの条件として、学位授与権に注目することもできるだろう。とはいえ、「他国の」大学で取得された学位はどこでも次第に通用しなくなってきていた。また近代になると、厳密な意味での大学の周縁に、程度の差こそあれ、学位授与権を保有しない教育機関が増えてくる。だが、そうした機関も部分的ではあれ、いわゆる「高等」教育を担っていた。

大学以外のそうした高等教育機関のいくつかは、大学が果たしてこなかった教育、すなわち職業に直結した教育を行なうことを目的に掲げていた。例として挙げられるのは、牧師の育成を目的としたスイスやフランスのカルヴァン派「アカデミー」(ジュネーヴ、ローザンヌ・ディ・モントーバン、ソミュール)、トリエント公会議(一五四五〜六三年、宗教改革運動に対抗するため、カトリック教会の改革および教義の強化をはかった宗教会議)以降に創設されたカトリック神学校、軍事ないし民間の技術者を養成する職業学校などである。また、大学以外の高等教育機関のなかからは、中世以来、大学の人文学部がおおむね区別することなくあつかってきた「高等」教育と「中等」教育を分けようとする動きが出てくる。近代以降、人文学部の多くは、人文主義者たちによる批判や、彼らが押しすすめた古典文学の復権の影響をうけて、充分な学生数を確保することができなくなっていたばかりか、たんに人文学修士号を形式的に授与するだけの役割しか果たせなくなっていた。以後、高等課程に進むための準備課程としての役割を担ったのは、フランスであれば「全課程をそなえた」コレージュの人文学であり、神聖ローマ帝国下の諸国であれば「騎士学院」や「アカデーミシェス・ギムナジウム」である。そうした教育機関においては、高等課程の初期段階までもが教えられることもあった。

しかしながら、近代における大学は、たんに神学、法学、医学の「職業教育的な」高等課程だけに還元されるわけではない。いくつかの大学では人文学部は依然として存続していたし、また、コレージュが大学都市に位置する場合、コレージュの最終学年の授業が大学で行なわれるなど、コレージュが大学に併合されることもあった。とはいえコレージュが実践していたのは、生徒をクラスに分類し、寄宿制度の厳格な規律にしたがわせるという教育方法であった。さらに、カトリックの国において、コレージュは修道会からの管理を甘んじて受け入れていた。それゆえコレージュは次第に独自の教育部門とみなされるようになり、十九世紀になるとそれはリセやギムナジウムへと受け継がれていく。

3 大学自治の終焉――近代において生じた大学（およびそれに関連する機関）の制度上の変化を大きく特徴づけているのは、年を追うごとに強化されていった政治権力による管理である。パリ大学のように古くから存在し、声望の高かった大学では、少なくとも日常の運営においては、自治・自律はわずかながらも保たれていた。それでもやはり、ドイツの小規模な公国もふくめて、あらゆる主権者が大学の営みに対して厳格な規則を課すようになっていったのである。

たとえば、大学の登録資格に始まり、修業年限、試験の方式に至るまで、厳密な規定が設けられるようになる。ときには講義内容すら限定され、学生という身分に与えられていた特権はことごとくまかに制限されてしまう。〔大学代表の選出等で用いられてきた〕投票という手段はあらゆる大学で禁止されるか、厳重な監視下に置かれる。その結果、かつて学生たちの「ナチオ（ネーション＝同郷会）」が行使することのできていた影響力はことごとく失われていく。いまや大学当局のあり方は、教師やコレージュ長から成り立つ狭量な寡頭体制でしかなく、大学を管理しようとする公国の官吏（イタリアのリフォルマトーリ・デッロ・ストゥディオやドイツのクラートル）がつけこんだのは、そうしたあり方へと還元された大学当局の従順さである。また、学生は、正統教義を信仰していることを、大学登録の時点で宣誓しなければならなかった。パドヴァ大学やオルレアン大学は、各人の信教に対して一時的であれ、寛容の態度を示したものの、そうした大学の存在はきわめてまれであった。

近代にはいり、大規模な改革の波は二度にわたり大学を襲う。一つは、絶対主義の台頭という十七世紀の文脈のなかで生じた改革である（イギリスでは一六三六年の「ロード学則」〔カンタベリー大司教、のちにオックスフォード大学総長が作った同大学規約〕、フランスでは一六七九年の王令）。もう一つは十八世紀になされた大学改革であり、これは啓蒙専制君主の統治下で進められた。この改革については第四章であらためて論じたい。

こうした国家による大学の支配がさしたる抵抗もなく進められた背景には、国家が次第に大学教師の俸給や大学施設の建設（ときには豪勢な大学施設が建設された）にかかる費用を負担するようになっていったという事情がある。じじつ、イギリスの大規模なカレッジや、スペインのサラマンカ大学のように、立地にめぐまれ金利をあてにすることのできたいくつかの大学を別にすれば、運営のための充分な資源を確保できていた大学はまれだった。さらに国家は、高等課程の学位取得者のために、聖職や司法官の地位を多数用意していた。すなわち、学位取得者の就職口の大部分を掌握していたのも国家だったのである。

II　学生人口

近年の研究を参照することで、十六世紀から十八世紀末にかけての大学の定員数ならびに学生人口の変遷について、かなりの程度まで正確に把握することができる。

1　オックスフォード大学とケンブリッジ大学――学生人口という分野で最初に研究がなされたのはイングランドについてである。[1]その研究によれば、当時の学生人口は大きく変動していた。具体的には、学生人口は一五五〇年から急速な増加を見せはじめ、それは一六〇〇年以降まで続く。学生人口がピークに達するのは一六三〇年前後のことである。

(1) 巻末参考文献【17】三～一一九頁。

オックスフォード大学ならびにケンブリッジ大学における年度別の学生登録者数(一〇年ごとの平均数)

一五九〇～九九年	七二一人	一六〇〇～〇九年	七七一人
一六一〇～一九年	八五四人	一六二〇～二九年	九一三人
一六三〇～三九年	九九六人		

L・ストーンはこうした学生人口の増加を「教育革命」と呼び、一六三〇年前後にはイングランドの若者人口の二・五パーセントが大学にかよっていたと概算している。この割合は相当なものであり、学生数がふたたび同じ割合に達するのは、のちの十九世紀を待たねばならない。ところで、学生数は最大にまで達した直後、急激に減少している（一六四〇年～四九年までの年間の大学登録者数は六一一人である）。この減少は明らかに当時勃発したイングランド内乱〔一六四二～四九年、清教徒革命における国王派と議会派の衝突〕によるものだろう。学生数は十八世紀を通じて長きにわたり低迷しつづける（その時期の大学登録者数の年間平均は一七〇〇～〇九年が五六五人、一七五〇～五九年が三三一人、一七九〇～九九年が四〇七人である）。学生数が飛躍的に増加したのは、より高度な文化を求める人文主義的ないし宗教的な希求が高まっていたからであり、さらには教会や公的機関における雇用が増大したからだろう。逆に、十七世紀後半における情勢の悪化は、特権階級をなしていた世襲官僚職が次第に閉鎖的になり、大学が知的刷新を行なうことができなくなったという事情に由来しているだろう。

2　北ヨーロッパ――以上のような、学生人口の変動についての明快で興味深い説明は、年代的なずれはあるものの、北ヨーロッパ（オランダ、ドイツ）のケースにもあてはまる。イングランド同様、これらプロテスタント諸国において（ただしカトリックのポーランドもふくめて）近代国家の急激な台頭とともに発生した宗教改革や宗派間の争いは、十六世紀の半ばから、高等教育に対する大きな需要をもたらした。プロテスタント諸国における学生人口の増加は十七世紀後半まで止むことがない。たとえばクラクフではその増加は一六三〇～四〇年まで、オランダ連合州では一六六〇年まで、ドイツでは一六九六～一七〇五年までつづくのである。(1)

(1) 当段落および次の段落で示した数字は、以下の研究から総合的に割り出したものである。巻末参考文献【18】【19】。

しかしながら、いったん学生数の増加が止んでしまうと、イングランドで見られたのと同様の停滞が十八世紀をとおして北ヨーロッパにも生じる。程度の差はあれ、そのさまは急激な衰退とも呼べるほどだった。何度か回復のきざしは見られたものの、全般的な衰退の傾向は変わらなかった。ドイツでは年間の大学登録者数(一〇年平均)は三四三五人(一六九六〜一七〇五年)から二二二九人(一七九六〜一八〇五年)にまで落ち込んでいる。とはいえ、こうした北ヨーロッパの状況が、その周辺国(スコットランド、スウェーデン)でも同じように見られたわけではない。北ヨーロッパ周辺国においては、十八世紀に学生人口増加の時代をむかえる。

3 フランスと地中海沿岸諸国——フランスおよび地中海沿岸諸国における当時の学生人口について

の研究が傾向として伝えるところによると、この地域では、イングランド「モデル」が部分的にしかあてはまらない、あるいはまったくあてはまらない状況が生じた(とはいえ、このことを裏づける資料は乏しい)。たしかに、イングランドと同様の「長き十六世紀」の発展はフランスや地中海沿岸諸国でも確認することができる。ただし、学生数の増加は、ルネサンスのイタリアや黄金時代のスペイン(十六世紀後半におけるサラマンカ大学の学生数は五〇〇〇人を超えていた)においては著しかったものの、フランスにおいてはより緩やかだった。それゆえそのフランスに対して、L・ストーンのいう「教育革命」をあてはめるわけにはいかない。

また、十七世紀、イングランドとは異なり、フランスや地中海沿岸諸国における大学が深刻な危機に見舞われたわけでもない(せいぜい成長が弱まったにすぎない)。とりわけ留意しなければならないのは、十八世紀、北ヨーロッパ諸国では学生数が伸びなやんだのに対して、ヨーロッパ南部ではその時期に明らかな成長を遂げたという点である。学生数が十八世紀初頭から途切れることなく増えつづけた地域もあり（コインブラ大学）、またはスペインやフランスのように、時期的な遅れをともないながらも力強い発展を示す場合もあった。

スペインの大学における学生人口算定

一七〇〇年	六六九三人	一七一〇年	四八五七人	一七二〇年	七八〇二人
一七三〇年	七七五七人	一七四〇年	六七一九人	一七五〇年	七二〇四人
一七六〇年	七二三四人	一七七〇年	九〇九一人	一七八〇年	一万二一五七人
一七九〇年	一万一八七三人	一八〇〇年	一万一九〇八人		

この時期のイタリアについてはいまだ充分な研究がなされていないが、それでも言えるのは、イタリアでは対照的な二つの動向が見られたということである。一つは衰退傾向にあった大学であり、たとえばそれはパドヴァ大学である（その学生数は一六八一年に最大の一二六三人に達したのち、十八世紀前半には八〇〇人以下にまで落ち込み、一七五〇年以降には五〇〇人を割ってしまう）。もう一つは飛躍的な発展を示した大学であり、その代表例はトリノ大学である。

学生人口のこうした変動については、十八世紀の大学でなされていた教育の内実について考え合わせる必要もあるだろうが、同時に留意したいのは、学生人口の増加が見受けられたのが、法学部や医学部といった職業との結びつきが直接的な学部であり、神学部の学生数は減少傾向にあったという点である。

神学部は、啓蒙時代における脱キリスト教化の直接的な影響をこうむらねばならなかった。

パリ大学における学部ごとの学生数の推移を見てみよう。法学部のバカロレア取得者を取り上げるなら、その数は一六八〇～八九年には一二九四人であったのが、一世紀後の一七八〇～八九年には二六八三人にまで増加している。医学部における年間平均学生数は、一七四〇～四九年の六〇人から一七八〇～八九年の一〇七人にまで伸びている。こうした法学部や医学部とは対照的なのが神学部であり、その学士号取得者数は、一七四〇～四九年には六三七人であったのが、一七八〇～八九年には三三七人にまで落ち込んでいる。

それでもやはり、フランスや地中海沿岸諸国において、高等教育の全般的な発展が生じたと言うことができる。この時代に、ヨーロッパ全土で大学進学率はひとしい水準に達するのであり、こうした発展は、フランス革命発生の下地となる知的、社会的な文脈を形づくっていく。

4　学生遍歴の衰退――十七世紀中葉に至るまで、学生たちの移動は、たんなる地域間には留まらない、国境横断的なものだった。

じじつこの時期まで、地域や国境をこえる学生は途絶えることはなく、むしろその数は増加しつづけただろう。なかでも多かったのは神聖ローマ帝国および中央ヨーロッパ諸国の学生であり、この傾向ははるか中世から変わらなかった。学生たちが向かったのは第一にイタリアの大学（パドヴァ大学、ボローニャ大学、シエナ大学）であり、ついでフランスの大学（パリ大学、オルレアン大学、モンペリエ大学）である。とはいえ、こうした移動はなにも神聖ローマ帝国や中央ヨーロッパの学生にかぎられていたわけではない。イギリスやフランス、イベリア半島における相当数の若い学生もまた、イタリア人文主義に魅了され、当地へと向かったのである。中世と比べた場合、近代の学生のこうした

「遍歴」にはあらたに二つの意味がつけ加わる。学生たちが当地で学問を続けるために出発することは当時もその昔も同じである。近代における変化とは、実存的な経験としての旅それ自体に固有の教育的価値が認められるようになったという点である。それは、学生たちにとって景勝の地を訪れるまたとない機会であり、社交に参入するための通過儀礼をも意味した。それゆえ、若い学生たちの旅は多かれ少なかれ複雑な「巡歴」の様相を呈することになる。学生たちは複数の大学を経めぐり、帰路につく段になってようやく学位を取得した。多くの場合、学位が取得されたのは、その審査が他大学に比べてゆるく、たやすく学位を発行する大学においてであった。

十七世紀半ば以後、ヨーロッパは宗派間で分断されてしまう。この分断は、学生の遍歴の妨げとして立ちあらわれる。だが、それでも学生たちは遍歴しつづけた。彼らは公の禁止をおそれず、敵対関係にある宗派の大学へと旅立ったのである。宗派の敵対をこえて学生を呼び集めたのは、カトリックであればパドヴァ大学、プロテスタントであればライデン大学、のちにはゲッティンゲン大学といった名高い大学だった。これと同様の例としては、十七世紀中葉まで、学位取得を目指してオルレアン大学法学部で学んでいた若いドイツ学生のなかに、多くのプロテスタント信者が含まれていたという事実も挙げられるだろう。だがその一方で、同じ宗派内での学生の移動も多く見うけられるようになる。たとえば、祖国を追われたカトリック学生を受け入れるために、スペイン領オランダ、フランス、スペイン、イタリアにおいて数多くのコレージュが創設された（たとえばスコットランド人、アイルランド人、ハンガリー人たちのコレージュ）。そうしたコレージュが目的としていたのは、学生たちを、失地回復の担い手となる宣教師へと育てあげることである。逆に、フランスのプロテスタント学生であれば、牧師になるための教育を受けるべく、ジュネーヴ、バーゼル、ハイデルベルク、ライデンといった都市にある宗教改革派のアカデミーや大学におもむいた。いずれにせよ、いわゆる「ペレグリナチオ・アカデミカ〔大学巡礼〕」がアンシアン・レジームのもとで頂点に達するのは、たいていの場合、十七世紀初頭の数十年においてであるといえよう。

事態が変化するのは、三〇年戦争〔一六一八～四八年、ドイツを中心に行なわれた宗教的・政治的諸戦争〕の勃発とともに、宗教分裂が激化し、絶対主義国家が打ち立てられていく過程においてである。必ずと言えるほど、君主たちは国家が「異教」に感染することをおそれ、通貨が国外に流出することを懸念した。そうした事態を回避するため、君主たちは、国家エリートを養成するための教育現場を全面的な管理下におき、留学を禁ずる王令をくだす。さらには、国境をこえて取得された学位が以後、いかなる有効性ももたないと宣したのである。

だが、そうした君主の措置は完全に功を奏したというわけではない。裕福な家庭の子弟のなかには、いわゆる「グランド・ツアー」に魅了されるものが少なからず存在していたのである――とはいえ、その「ツアー」のなかで学問が占める比重は次第に小さいものになっていた。また裕福な学生のなかには、学問の内実をきびしく審査せず、少ない費用で学位を授与する愛想のよい大学を求めて旅立つ者もいた。ライデンの学生は、ドイツとオランダの国境に位置するハイデルワイクやデュースブルクといった小規模な大学に行って学位の取得を目指し、ルーヴァンの学生は、ロレーヌ地方にあるポン・タ・ムーソン大学で学んだ。十八世紀には医学を学ぶためにヨーロッパ大陸に向かうスコットランドやイングランドの医学生が後を絶たなかったが、彼らは評判の高いライデン大学やパリ大学で学んだのち、ランス大学やカーン大学で簡単に学位を手に入れたのである。

それでもやはり、この時代の一番の特徴といえるのは、真の意味における「ペレグリナチオ・アカデミカ」が終焉をむかえたという点であり、学生の大学登録が国家や地域といった枠組みに限定されるようになったという点である。たとえば十八世紀のスペインに見られた学生人口の増加は、古くから存在するサラマンカ大学やアルカラ大学において生じたのではない。そうした大学はむしろ明らかな衰退傾向にあった。学生人口が増加したのは、サラゴサ大学、ヴァレンシア大学、グラナダ大学といった、いまだ歴史が浅く、それまで中心的ではなかった大学都市においてである。こうした傾向はドイツやイタリア（トリノ大学の発展）でも同様に見られた。とりわけドイツでは、創設されて間もないハレ大学やゲッティンゲン大学のような大学が学生数の獲得に成功したおかげで、ロストック大学やグライフスヴァルト大学、さらにはケルン大学といった古参大学の全面的な衰退の影響をおぎなうことができた(1)。

（1）巻末参考文献【20】二八頁を参照。

5　学生総数——当時、大学以外でもいわゆる高等教育は行なわれていた（コレージュの最終学年や職業学校）。ただし、そうした機関を考慮に入れずとも、一八〇〇年以前のヨーロッパにおける学生総数を算定することはきわめて困難である。

一七八九年のフランスの状況を見るなら、コレージュ最終学年の生徒数がおよそ五〇〇〇人だったほか、神学部学生が三五〇〇～四〇〇〇人（当時、多くの神学校が大学の神学部に統合された。数字はその統合を考慮に入れたものである）、法学生が三五〇〇人、医学生が六〇〇人をわずかに超える程度だった。

だがこうした数字は、他の時代の学生数と比較することが必要だろうし、当時の全人口に占める割合も考慮に入れなければ意味をなさないだろう。

一七八九年当時のフランスにおける学生人口は一万二五〇〇～一万三〇〇〇人である。この数字が意味するのは、十五世紀初頭の学生数である六〇〇〇人に対して二倍以上にまで増加したということである。一八七五年には、大学登録者数は合計でいまだ一万人ほどでしかないが、リセの最終学年に在籍する生徒数は一万八〇〇〇人を超えている。じっさい、フランスの大学がまぎれもない発展を遂げるのは、一八七五年から一九一四年までの時期においてである。(1)

（1）巻末参考文献【21】二七六〜二九二頁。

他方でこれまでの研究のなかには、当時の大学入学時の一般的な年齢であった十七、十八歳の男子を対象として、年間ごとの大学登録者数を再現しようとする試みも見られる（ここで想起したいのは、女性が大学に登場するのは十九世紀にはいってからだということである）。そして、そうした条件で再現された大学登録者数にもとづき、大学進学率を割り出している。その研究によれば、イギリスやドイツ、さらにはカスティーリャ王国といった国々では、十七世紀に、大学進学率が二・五パーセントを超えるほどの盛り上がりを見せた。すでに確認したように、十八世紀末に至ると、それまで続いてきた学生比率の上昇に停滞が生じるようになり、学生数の増加が当時見られたとしても、それはたんに人口全体の増加の結果にすぎない。じっさい、十八世紀末における大学進学率は、それぞれの国でわずか一パーセント程度にまで落ち込んでしまう。

こうした算出法がもとづいている数字自体、統一性を欠いた問題含みのものである。だが少なくとも言えるのは、近代の大学の大部分が、平凡な数の学生しか集められなかったということである。

十八世紀末、パリ大学における高等課程三学部〔神学、医学、法学〕の学生数は、同大学のコレージュで人文学修士号取得のための教育を受けていた学生を別とすれば、一三〇〇〜一五〇〇人にまで達していた。だが、フランスでその次に多かったのは、わずか六〇〇人ほどのトゥールーズ大学である。言うまでもなく、他の地方の大学はさらに少なかった。一八〇〇年時のスペインにおいて、学生数が一〇〇〇人を超えていたのはわずか三大学（サラゴサ大学、ヴァレンシア大学、バリャドリッド大学）であり、ビーツァ大学などはわずか九〇人であった。状況はドイツでも同じである。ゲッティンゲン大学ですら、学生数が九〇〇人を超えることはなく、ドイツにおける一七〇〇年頃の一大学の学生平均は二二〇人程度であった。スコットランドでは、五大学の学生を合わせてもたかだか二五〇〇人程度であり、イングランドですら、オックスフォード大学とケンブリッジ大学の学生を合計して二〇〇〇人ほどにしかならなかった。

Ⅲ　学生の社会的出自と就職先

当時の学生の社会的出自ならびに就職先については、さきの学生数の算出以上に、きわめて部分的な研究しか参照することができない。近代にはいり、社会的、経済的な発展がそれぞれの国で程度の差はあれ急速に生じた。とはいえ、そうした発展と大学の成長とは時期的に重なっていないはずである。大学は、さまざまな社会層を受け入れるよう迫られ、果たすべき役割を割り当てられていく。こうした要請が出てくるのは、当時の大学が客観的な「需要」に対応していないと思われていたためであり、とりわけ支配階級が大学について悪しきイメージを抱いていたからである。

1　学生の社会的出自

——ごく一般的な傾向を述べるなら、十六世紀から十八世紀にかけての大学は、学生の受け入れにさいして、その社会的出自の多様性を狭めていった。

大学は、十六世紀にはいまださまざまな社会階層に開かれていた。たとえば、富裕な農民、都市やその近郊の庶民（職人）、商人、公証人、床屋の子弟が多数在籍していたのである。十六世紀末のオックスフォード学生のうち、「平民」の学生は五五パーセントを占めていた。これは中世の大学においても見受けられただろう状況である。この時期生じたあらたな現象は、「平民」とは対極に位置する、貴族階級の学生が大学に出現したことである。それも、貴族の位階のなかで比較的立場の低い者から大貴族に至るまでが大学に籍を置くようになった。

一五四〇年から一五五九年にかけてパリ大学に在籍していた八一六人の学生を対象とする研究を行なったL・ブロックリスによれば、貴族出身の学生は少なくとも九・五パーセントを占めていた(1)（商人の子弟が三七・四パーセント、職人の子弟が一八・九パーセント、農民の子弟が一〇・三パーセント）。オックスフォード大学において、爵位保有者、騎士、郷士の子弟が占めていた割合は、一五七七年から一五七九年までが一六パーセント、一六〇〇年から一六〇二年までが二二パーセントである。

（1）巻末参考文献【22】一八二頁の引用による。

おそらく貴族学生は勤勉ではなかっただろう。他の学生とは異なり、貴族学生にとって学位はたいした意味をもたず、彼らはしばしば学位を取得しようともしなかった。他方、貴族学生は羨望の対象でもあった。ブルジョワ出身の学生は、貴族的な生活スタイルにますます魅了されるようになり、学問を通じて、自分たちもいずれ貴族階級に参入できることを望んだのである。つまりこの時代は大学の「貴族化」が進行した時代と言えるだろう。

こうした貴族階級の学生の割合は、ほとんどの大学において一〇パーセントにまで達し、ときにはそれを超えることもあった。たとえば、十七世紀半ばにおけるハイデルベルク大学やインゴルシュタット大学といった南ドイツの大学において、貴族学生は二一パーセントにまで達しており、スペインの大規模な大学の「コレヒオ・マヨール」のようなコレージュでは、学生全員が王国のエリート階級出身者であった。[1]

（1） 巻末参考文献【23】三一〜四六頁。

十八世紀になると状況は一変する。平民出身の学生は大学からいなくなるか、ごくわずかとなってしまうのである。たとえばフランスのいくつかの法学部において、職人ないし農民出身の学生の割合は、わずか三〜六パーセントにすぎなくなる。さらに、オックスフォード大学において「平民」の学生はほとんどいなくなる（一七八五年からその翌年まで一〇パーセントだったのが一八一〇年にはわずか一パーセントとなる）。貴族出身の学生といえば、大学によっては同程度の割合が維持されていたものの（一七八五年からその翌年まで、オックスフォード大学における貴族学生は三五パーセントを占めていた）、その割合が大幅に減少する大学も多かった。たとえば一六七〇〜八〇年以後のドイツでは、貴族学生の割合は明らかな減少を見せる（チュービンゲン大学の場合、貴族学生の比率は、一六六〇〜七〇年の一二・七パーセントから一六九〇〜一七〇〇年の四・三パーセントにまで落ち込んでいる）。ポン・タ・ムーソン大学法学部において、一六九五〜一七〇九年には貴族学生は一三パーセントを占めていた。のちにナンシーに移転した同大学法学部（ナンシー大学）において、その比率は一七八九年には三パーセントにまで落ち込む。そうしたなか、学生人口（それ自体もまた、すでに見たように減少傾向にあるのだが）の大多数を構成することになったのは、官吏、医者、法学者、弁護士、牧師（プロテスタント圏の場合）の子弟である。こうした社会的出自の学生が一七八九年のナンシー大学法学部に占めていた割合は、七七パーセントにおよんだ。[1] またこの時期、とりわけイベリア半島において、修道士や司祭の子息がふたたび大学に登場するようになる（おもに教会法学部）。

（1）前出参考文献【22】一八三頁。

2　社会的流動か再生産か——以上のような統計上の変化が意味しているのは、大学やその学位が、もはやかつてとは異なり、学生の社会的流動を保証するものではなくなったということだろう。ルネサンスの時代に大学が成功した要因として第一に挙げられるのは、教養に対する当時の威信の高まりである。その威信は、印刷技術の普及によって人文主義の理念が知れわたり、宗教改革によって引き起こされた宗教的要求が伝播するなかでますます高まっていったのである。だが、そうした威信の高まりは、書き言葉や学識の世界に足を踏み入れることを渇望していた平民階級の子弟のあいだでのみ生じたのではない。あらたな学問の興隆にさいして、それまで伝統的な貴族階級の文化と見なされてきた騎士道文化や宮廷文化は衰退の危機にさらされる。そうしたなか、貴族階級の子弟のあいだにもあらたな教養に魅了されるものが出てくるのである。他方で、国家官僚機構が急速に整備され、教会でも指導層の増強が行なわれるにつれ、さまざまな階梯の官職や教会内での役職が増えていく。そうした職は、安定と高い報酬が約束されており、それは、能力があり充分な学位を取得した者にも開かれていた。こうした現象がとりわけはっきりと示されたのは、当時、世界に名だたる強国へと成長を遂げたスペインにおいてであり、増加した国家や教会の役職は文官として学位保有者（レトラドス）を対象に募集された。とはいえ、同様の現象は広くヨーロッパ各地でも見うけられた。あらゆる国において、大学修了者のおもな就職先だったのは、司法職をはじめとする官職、弁護士や医師といった自由業、カトリックならびにプロテスタントの聖職業であった。教職もまたそうした就職先の一つに数えられるだろう。だが当時、学校やコレージュの教師の数自体それほど多くはなかったうえ、教師を生業とすることはいまだ真の職

業として認識されてもいなかった。医学、法学の教師は、大学での講義に加えて、個人で引き受ける患者や依頼主からの支払いを収入源としており、神学教師は、自分が所属する教会や修道会で司祭や牧師をかねていたのである。

ところで、大学を成功へと導いた以上のような要因がそのまま反転したのが、十七世紀から十八世紀にかけての事態である。すなわち、多くの大学で、学生の社会的出自が限定されていくという社会的閉塞が見られるようになり、さらには学生数の減少という事態が生じたのである。大学が革新的な知的動向から遠ざかるにつれ、次第に大学の魅力は失われていく（以下七六頁から八二頁を参照）。その結果、たとえば貴族学生は大学に行くことをやめ、当時創設されはじめた貴族のための高等教育機関に通うようになる（たとえばドイツの「騎士学校」やフランスの貴族コレージュ）。そうした機関で教えられたのは、社交界の初歩的作法であり、紳士たるに欠かすことのできない科目（舞踏、乗馬、外国語）であった。とはいえ、大学がそうした科目を取り入れ、それまで落ち込んでいた貴族学生数がふたたび急増することもあった（たとえばゲッティンゲン大学において、貴族学生の比率は一七三七年の一〇パーセントから一七五七年の一五パーセントにまで増加している）。

十七、十八世紀の大学の状況をめぐって、従来から指摘されてきたのは、学位取得者の有力な就職先とみなされていた官職が、世襲特権階級により独占されてしまったという事態である。こうした事態が、社会的出自のつつましい学生たちのやる気を失わせてしまったのだろう、と。だが、従来のこうした指摘には議論の余地がある。たしかに、それまで可能だった職歴のいくつかは困難なものになってしまった。ところで十七世紀から、学位取得者たちの「余剰」を危険なものとして批判する書物が、ヨーロッパ各地で出回るようになる。そうした批判は、学生数が減少した時期においてすら、執拗に繰り返された。すなわち、就職もせず無為に暮らすだけの気難しい「挫折した知識人」となるほかはない学位取得者をこれほどたくさん育てる必要があるのか、なぜ大学は、農業、手工業、商業にとって必要不可欠な人材を奪ってしまうのか、(1)と。

（1）こうした主張は巻末参考文献【24】二五〜四三頁によってなされている。だがその主張には大々的な反論が付された参考文献【18】①二四五〜二六〇頁。

語られているのは「知的労働市場」の飽和であるが、当時、そうした「市場」はいまだほとんど存在していなかった。また、職につけない学位取得者を憂慮する著述家たちは、そのほとんどが支配階級エリートと近しい立場にある者だった。すなわち、こうした言説が意味しているのは、知的能力のみを評価し、それにチャンスを与えるという純然たる能力主義体制に対する拒否にほかならない。他方で、貧しい者たちが充分に学問に取り組むことのできる環境などどこにも用意されていなかった。教師や裕福な学生の多くは、貴族的とはいえないまでも、それに似た安楽な生活様式を追い求めていた。そのさまは、貧乏人の子弟に対して学問を断念させるに充分だった。

当時の社会は、国王や教会に奉仕することのできる、たしかな教育を受けた知識人を相当数必要としていた。だが、そうした知識人が増加し、自律的な社会階層を形成するまでになると（ドイツの「教養あるブルジョワジー（ビルドゥンクスブルゲルツム）」）、それまでの秩序や価値のヒエラルキーが動揺する可能性がでてくる。ところで、学位（ならびに学問それ自体）の役割とされてきたのは、いまだ特定の資格というよりは、その学位保有者が、社会的に認知された地位に同化できる者であることを保証することだった。したがって、アンシアン・レジーム末期に「大学の危機」が取り沙汰されるようになるのは、大学教育の形骸化や学生数の下落といった問題が高じたことがその直接の原因であるわけではない。「大学の危機」は、当時の社会が大学について抱いていたイメージや、その社会が大学の役割とみなしていたもののなかで生じたのである。それゆえむろん、かねてから歴史家たちが徴候として指摘してきた「大学の危機」を否認する必要はない。重要なのはむしろその「危機」の深刻さを見極めることである。そのためには、大学の使命をめぐり、社会的、政治的位相でなされたさまざまな議論をたどりなおすことが不可欠だろう。

第四章　近代における大学の危機と改革

「たえず改革される大学」。大学はその誕生からつねに、改革すべき未完の状態にあると考えられてきた。だが十六世紀以後、大学改革という問題はあらたなかたちとなって現われてくる。中世において大学に対する批判は比較的控えめなものだった。それに対し、ルネサンスの時代になると大学はきびしい批判にさらされる。人文主義者から哲学者までが大学の存在を疑問視するようになるのである。たしかにこれまで見てきたように、大学という制度は存続してきたし、飛躍的な発展すら遂げてきた。だが、近代に入ってなされた大学に対するさまざまな異議申し立ては、大学を悪しき評判のうちにおとしいれた。このことは、かねてから歴史家たちが口々に指摘するとおりである。

十六、十七、十八世紀のヨーロッパの文化的、社会的な文脈における大学の立場や役割を明らかにするにあたって、われわれとしては、国ごとの違いや時代による変化をふまえつつ、よりバランスのとれた考察につとめよう。

I　遅れと機能不全

当時の大学は、のちに社会的エリートとなる大勢の学生を受け入れていた。ならば彼ら学生に対し、できるだけよい教育がほどこされていたのだろうか。

1　大学教育と生きた文化

――大学に対して伝統的になされてきた批判とは、大学が十八世紀のさなかに至るまで時代遅れの教育を続け、その教育が中世の時代から変わらぬ古くさい典拠にもとづいているというものであった（哲学はアリストテレス、神学はロンバルドゥス、法学は『市民法大全』、医学はヒポクラテスおよびガレノス）。大学は、同業組合的な頑迷さから、大学の外でいかに革新的な潮流が生じようとも、それを識別することができず、あるいはそれを拒否しつづけてきたのだ、と。たとえばそうした潮流とは、十六世紀であれば文献学、解釈学、神学の分野で生じた刷新だろうし、十七世紀であれば科学（ハーヴェイ、デカルト、ニュートン）や近代法（グロティウス、プーフェンドルフ）の飛躍的発展だろう。十八世紀ならば啓蒙主義哲学である。

だが、そうした非難は行き過ぎである。たしかに近代にはいり、大学教育がそれまで果たしてきた刷新者としての役割は明らかに減少した。近代の重要な著述家や思想家の多くは、学生として、ときには教師として大学で一時期を過ごしたが、彼らが発明や発見をなし、主要な作品を著わしたのは、たいていは大学の外においてである。じじつ近代になると、たんなる学者たちの社交の場には留まらない、研究や知的革新のためのあらたな公共空間が出現してくる。アカデミーや学会はいうまでもなく、図書館や裕福な愛好家たちの美術品展示室、宮廷、尚書院、サロンまでが、そうした機能を果たすようになっていくのである。

そうした場所に出入りする大学教師も存在していた。つまり、大学教師は、あらたな知的動向に対して完全に無知であったというわけではないし、そうした動向をひとからげに拒否していたわけでもない。なかには、自分の講義にそうした動向を取り入れる教師もいたのである。それゆえ、中世を起源として構成された大学の枠組み自体、無為無策の状態におちいっていたことも事実であるが、大学に関して多くの場合にあてはまるのは、学外の知的動向に対する拒否というよりは、そうした動向に適応するまでの遅れという問題だろう。

たとえば、十六世紀のなかばから、人文主義がもたらした貢献のうちの本質的な部分（文献学の刷新、ギリシア語やヘブライ語の研究、プラトン哲学の再発見）が、イタリアの大部分の大学をはじめ、パリ大学、アルカラ大学、ケンブリッジ大学、ルーヴァン大学（一五一七年における「三言語コレージュ」の設立）のなかにも浸透し、さらにそれはイエズス会の「学事規程」のなかにも取り入れられるようになる。同じく、デカルト、ロック、ニュートンが打ち立てたあらたな学問に対して、当初は敵対していたフランスやイギリスの人文学部やコレージュもまた、十七世紀末ないし十八世紀初頭から、その本質的な部分を受容するようになる。またたしかに、十八世紀における大学の大半が、同時代的には、啓蒙主義や「百科全書」の精神に閉ざされていただろう。

おおよその場合、諸学部のなかで最も保守的だったのは法学部と神学部である。このことは、法学部と神学部が、ときの政権や教会が掲げる公認教義の正統性を主張し、そうした教義からの逸脱を防ぐという使命を託されていただけになおさらである。たとえばコレージュ・ド・ソルボンヌは、絶対主義やカトリック信仰に対して敬意を示しつづけた（とはいえソルボンヌは一七一三年から二〇年にかけて、ジャンセニスムに対するいくばくかの賛同を表明したことがあった）[1]。イギリスの大学は、教皇絶対主義や、英国国教会からの分離を唱えるプロテスタントに対抗しつつ、その国教会と直接的に結びついていた。それに対し、あらたな知的動向により開かれていたのは、コレージュの哲学クラスであり、大学の人文学部（それが存続していた場合）や医学部である。たとえば医学部では、すでに十六世紀の時点で、それまで権威とされてきたアラビア語の典拠（アヴィセンナ）を斥け、十七世紀末にはウィリアム・ハーヴェイ（一五七八〜一六五七年、イギリスの医学者。血液循環説を唱える）を受容するようになったし、十八世紀からは臨床医学の科目が設けられるようになる。こうした動きがとりわけ顕著だったのはエジンバラ大学医学部であり、同大学では十八世紀末には六〇〇人をこえる学生が在籍していたといわれている。

（1）巻末参考文献【25】。

大学ごとに見ていくことも必要だろう。たとえばケンブリッジ大学は、宗教に関して寛容な立場をとり、政治的にはホイッグ党（自由主義政党）に近かった。十八世紀には、同大学はオックスフォード大学にさきがけてあらたな学問（ニュートンは同大学の「トリニティ・カレッジ」卒業生である）や啓蒙主義的合理主義を取り入れることができた。これに対して、オックスフォード大学は英国国教会、トーリー党（保守政党）への支持をかたくつらぬいており、中世からのアリストテレス主義ないし人文主義哲学に忠実でありつづけた[1]。

（1）巻末参考文献【26】一九〜四一頁。

国ごとの考察も必要である。一方で区別することができるのは、啓蒙主義との対立が長く続いたため、にやくから大学の知的形骸化が進行してしまった国々である。こうした事態はもっぱらカトリックの国に見られた。他方、スコットランド、ドイツ、スカンジナヴィア諸国といったプロテスタントの国々では、講座の新設、教育上のあたらしい試み（とりわけ唯一の教育言語としてのラテン語の放棄）がなされた。その結果、こうした国々では、大学と生きた文化のあいだの隔たりを最小限に留めることができた。

このように、近代の大学を国や学問分野ごとに見た場合、もはや不充分で時代遅れの教育しか行なえなくなる大学が出てくる一方で、独創的な人間を育てるとまでは言えずとも、確固たる基礎文化の教育を行ない、有益な知的技術の習得を保証することができた大学も存在したのである。

2　学業と免状

——もろもろの問題は存在していたにせよ、それでも大学教育は実施されつづけた。ところで、近年の研究が明らかにしたところによれば、近代の大学は憂慮すべき機能不全におちいっていた。

近代の大学において、修学期間は中世に比べて著しく短縮された。ほとんどの大学において、わずか四、五年で学士号や博士号を取得することができるようになったのである。修学期間のこうした短縮は、印刷物の普及がその要因とも考えられるので、一概に非難すべきことではない。より憂慮すべきは、学位がますます容易に取得されるようになっていったという事態であり、このことは、学位取得者数が統計的に急増していることからもわかる。たとえば、一六〇〇年から一八〇〇年までの学位取得者の割合は、オックスフォード大学（人文学士号）で三五パーセントから五八パーセントにまで増加し、フラネケル大学（オランダ）では六パーセントから七一パーセントにまで急増している。だが、とりわけ指摘しなければならないのは、おそくとも十七世紀から、試験にさいしての不正行為や、大学団体規約の不履行

――とはいえそれはかねてから存在していた――が頻発するようになったということである。ここでは、そうした現象の社会的意義を検討する必要があるだろう。

近代の大学において、学生の出席率は低く、それと連動して教師も欠勤することが多かったため、講義や討論の授業は実質上行なわれないこともしばしばだった。学生たちの多くは、必要とされる準備もせず試験にのぞんだが、たいていの試験審査員はそうした現状を改めようともしなかった。フランスを見てみよう。たとえばパリ大学、トゥールーズ大学、モンペリエ大学のような主要な大学では、学生に対する要求は一定の水準で維持されていた。それに対し、小規模な地方の大学――アヴィニョン大学、オランジュ大学、オルレアン大学、ナント大学、カーン大学、ランス大学――において、学生は厳格な試験を求められることもなく、安手に学位を手に入れることができた。それが地方の小規模大学のいわば売りだったのである。不正行為はさまざまなかたちをとった。学生たちは職業作家に論文を執筆してもらい、試験には替え玉を送り込んだ。試験登録はあらかじめ郵便ですませてしまう。試験志願者が試験の前夜になってようやく大学街に到着するということもしばしばだった。こうした不正行為がどれほど深刻なものとして受け止められていたかは定かではないが、そうした行為が蔓延していたことはたしかである。不正の度が過ぎる場合、たしかに罰せられることもあった。とはいえ明らかに、そうした不正行為の黙認はいわば常態化していた。また、不正行為に対する放免措置はたやすく認められた。国家すらそれを諦観していただろう。たとえば一六八二年、フランス国家は、二十四歳以上の法学部の学生に対して、その「年齢にかんがみて」六カ月で学士号を取得してもよいと定めたほどであった[1](通常は五年を要する)。

(1) 前出参考文献【19】一一〇～一五一頁を参照。

当時のこうした状況をふまえたうえで再検討しなければならないのは、学業ないし学位が社会のなかでどのように考えられていたかである。とりわけ学生数が最も多かった法学部においては、明らかに、学位は知的能力を裏づけるものではなくなっていた。学生が将来働くうえで必要とされる能力と、大学の形骸化した教育内容とのあいだには、どうすることもできないほどの隔たりが生じてしまっていたのである。

一七八二年、フランス人法律家ブシェ・ダルジは以下のように指摘している。「どうして若者たちは、何の成果も得られないにもかかわらず、学校の授業を受けることを強制されなければならないのか。教師たちの才能を真に有益なる教育材料に向かわせることができたなら、生徒たちはよろこんで学校の授業を受けに行きはじめるだろう」。

真の教育は、大学の外で獲得されるものとなってしまった。たとえばそれは、親から子へなされる教育であり、サロンでの会話だった。内輪の研究会や、各学生が行なう読書もそうだろう。あるいは真の教育は、就職してすぐに始まる実地での習得というかたちをとることもあった。いずれにせよ、学位が担っていた価値とは、既定の政治的秩序に対する忠誠を示す身振りのようなものでしかなく、そうした秩序へと社会的に帰属していることの証でしかなかったのである。

だがこうした状況は、とりわけ一六五〇年以後のいくつかの法学部で見られたものの、極端なものである。法学部以外も見てみよう。たとえばコレージュ（カレッジ）では、学生は指導教官のもとで六年から八年にわたる修学期間が定められていた。イギリスであれば、その指導にあたったのは、フェローのなかから選出されたチューター、すなわちカレッジに寄宿する学位取得者である。こうした修学期間のおかげで、学生たちは、堅固な古典文化のみならず、科学や哲学の基礎のいくばくかを身につけることもできた。また（少なくとも秀でた）医学部ないし神学部においても、その教育は充実したものだったといえる。こうした状況は、中世からの伝統、もしくは人文主義の伝統が変わらず存続していたことを意味するのだろうか、それとも逆に、学問の職業化というあらたな誘惑が生じつつあったことを意味するのだろうか。

II　改革とその代替案

1　大学改革——十六世紀から十八世紀にかけて

十六世紀から十八世紀にかけて、大学改革（およびあらたな大学の創設）が立て続けに行なわれる。教師自身が改革に加担することもあったが、たいていの場合、大学改革は国王の命により強制的に施行された。

すでに見たとおり、十六、十七世紀に行なわれた大学改革は、かつて大学に認められていた自治を解体し、国家による管理を強化することを主要な目的としていた。だがそれは同時に、各大学の修学期間や試験を一律なものとすることも目指していた。また、改革により、あらたな科目が設けられることもあった（たとえば、一六七九年のフランスにおけるフランス法講座の創設）。

とはいえより重要なのは、十八世紀の大学改革および改革案である。これらは、宗教上の寛容ないし啓蒙主義精神の発展を示すとともに、まさしく近代化への欲望を反映している。一般に、大学の近代化は、大学が国家や職業の需要にこれまで以上に適応するというかたちをとる。

そうした大学改革が最も熱心に行なわれたのは、ドイツのプロテスタント圏であり[1]、そこではやはやくも十七世紀末にはカリキュラムを刷新しようとする大学が出てくる。プーフェンドルフは一六六一年から六八年までハイデルベルク大学で自然法を教えていたし（とはいえ、それは法学部ではなく人文学部においてである）、スピノザもまた、表現の自由を保障するとの確約にもとづき、同大学に教授として招かれた（だがそれは結局実現しなかった）。一六九三年には、プロイセンの直接的な管轄のもと創設されたハレ大学で革新的な教育が開始される（とりわけ哲学、法学、医学の分野において）が、やがてそのハレ大学も、ハノーファー選帝侯領に出現したゲッティンゲン大学（一七三三年）の栄光の影にかくれてしまう。

（1） 前出参考文献【20】二七～九八頁。

ゲッティンゲン大学を構想したのは、かつてハレ大学で学業を修め、その後ハノーファー選帝侯領の大臣をつとめたG・A・フォン・ミュンヒハウゼンである。彼は、大学が国家や君主に奉仕するものでなければならないとする考えにもとづき、ゲッティンゲン大学を成功へと導く四つの革新的試みをなす。第一に、大学を厳重な国家の管理下に置く。国家による大学管理がとりわけ強化されたのは、教授の選任にさいしてである。そこで斥けられるのは、はるか昔から大学に根づいてきた同業組合主義であり、ルター派神学者たちによる支配だろう。第二に、上流階級のための科目の新設である（舞踏、乗馬、デッサン、現代語）。これにより、ドイツ中の貴族学生を顧客として望めるようになる。第三に現代的な科目の設置（歴史学、地理学、物理学、応用数学、自然法、行政学ないし「官房学」）。こうした科目は、大学教育が政治的にも職業的にも目的にかなうものであることの担保となる。第四に、スコラ学的な講読授業や討論に取ってかわる「ゼミナール」の導入である。この「ゼミナール」はのちにドイツ世界に多大な成果をもたらすものであり、これが教育学的革新の眼目とされた。ところで当時、ゲッティンゲン以外の大学において、人文学部は完全に衰退してしまうか、コレージュの最終学年に組み入れられてしまっていた。だが、このゲッティンゲン大学において、往年の人文学部が、真正なる哲学部としてよみがえるのである。この哲学部を起源として、十九世紀にはさらに文学部や理学部が誕生することになる。また、ゲッティンゲン大学の教授たちは、ドイツ語で多くの著作を上梓し、学術誌を主宰するなど、紛う方ない研究者であったことを付け加えておこう。

「啓蒙」主義全盛期の十八世紀後半になると、ドイツの他の君主たちもゲッティンゲン大学をモデルとして大学を創設しはじめる。ただし、そうして建てられた大学がゲッティンゲン大学と同様の成功を収めたとはいえない（エアランゲン大学、ボン大学、シュトゥットガルト大学）。

カトリック諸国において、大学改革が取り沙汰されるようになるのはドイツよりも遅い一七六〇年前後のことである。このころから、ディドロやコンドルセをはじめとする哲学者たちは教育問題についての著作や文書を数多く著わすようになる。他方、フランス政府は、イエズス会士の追放ならびにイエズス会解散（一七七三年）ののち、大学改革に着手する。教育におけるイエズス会の不在は、なんらかのかたちで補わなければならなかったのである。大学改革をめぐり、フランスでは性急な措置がいくつか講じられた。その主要なものとしては、一部筆記で行なわれた教授資格試験制度（アグレガシオン）の導入であり、それはコレージュにすぐれた教師を選抜するためであった（一七六六年）。こうした改革は、同僚を自分たちで選んでいたそれまでの同業組合的なコレージュ教師の選出法を斥けるべく大々的になされたが、結局、その教授資格試験制度が根づくことはなかった。じっさい、フランスにおける大学改革は、ロラン・デルスヴィルの改革案であれラ・シャロテによるそれであれ、実現に至ることはなかったのである。そうした改革案によれば、「国家の教育」機関は、文法学校からパリ大学に至るまですべて再編されなければならず、すべての教員を世俗化し、一律に国家の直接的な管轄のもとに置かれるべきである。さらに、フランス全土に近代的教育機関（もっぱら理数系の機関）が設置されなければならないともした。しかしながら、カトリック教会ならびにパリ大学が反対したため、一七八九年以前にはそうした改革案のいずれも実現することはなかった。(1)

（1）巻末参考文献【27】五三〜七六頁。

イベリア半島では、一七七〇年代から八〇年代にかけて、啓蒙君主やその大臣（ポルトガルであればポンバル侯、スペインはホベリャノス）が、大学の近代化に着手する。教育法が刷新され、あらたな科目が創設されたほか、「コレヒオ・マヨール」をはじめとする同業組合がそれまで保持していた特権は解体された。

ハプスブルク家の領地においても、啓蒙専制君主マリア・テレジア（在位一七四〇〜八〇年）ならびにその息子ヨーゼフ二世（在位一七八〇〜九〇年）が大学改革を構想するようになる。その結果、たとえばルーヴァン大学は一七八八年に実質上まるごと神学校へと置き換えられてしまう。その神学校はそのままルーヴァンに置かれ、オランダ中の聖職者を養成するための機関と見なされた。ルーヴァン大学の神学部以外の学部は、ブリュッセルへと移転され「専門学校」というかたちを与えられる。しかしながら、こうした大学改革はフランス大革命の勃発とともに中断を余儀なくされる。(1)

（1）巻末参考文献【28】二九〜三〇頁。

以上見てきたような大学改革は、多少なりとも成功を収めた。のちに、フランスの革命勢力からナポレオン、プロイセンの改革者（W・フォン・フンボルト）に至るまでが着想源として参照したのは、そうした大学改革という一連の企図である。だがフランス革命前夜という状況のなか、すぐさま大学改革のまとまった成果が得られたわけではない。大学はいまだアンシアン・レジーム下の制度的枠組みから抜け出せていなかったからである。じっさい、当時の大学は、往年の秩序に深くとらわれたままだった。

それゆえ、フランス革命時の国民公会が、大学改革をついには放棄してしまったとしてもなんら驚くべきではない。そして一七九三年九月十五日の法により、「共和国全土の」大学はあっけなく廃止されてしまうのである。

フランス革命発生からおよそ二〇年、ヨーロッパの大学の大半は、革命勢力やその後のナポレオン帝政による征服にまきこまれ、ひとしく凋落してしまう（イギリス諸島の大学はそうした凋落をまぬかれた）。というのは結局のところ、ヨーロッパ全土において大学を衰退へとみちびく要因のほうが、アンシアン・レジームのもとで抱懐された大学再生の可能性を凌駕してしまっていたからである。とはいえ、アンシアン・レジームが後世に残した高等教育の遺産は、大学だけには留まらない。

2　卓越としての教育機関

——大学は長いあいだ国家による改革に抵抗しつづけてきた。そこでいくつかの国家は、そうした大学を効率の悪い機関とみなし、大学から完全に独立した高等教育機関を創設しようと動きはじめる。そうした機関において、国家からの管理はより直接的となるが、あらたな思想や教育学的手法には大学よりも開かれる。そうした高等教育機関はおもに二つに分類されるだろう。

一つは、卓越（エクセレンス）の機関と呼べるものであり、それはとりわけ文化的な使命をもつ。

その恰好の例として挙げられるのは、ビュデやエラスムス派のフランスの学者たちの主導のもと、国王フランソワ一世により一五三〇年にパリで設立された王立教授団（コレージュ・デ・レクトゥール）である。パリ大学の反対をよそに創設されたこの王立コレージュ（フランス革命以降コレージュ・ド・フランスと呼ばれる）は学位授与を行なわない機関であり、そこでは次第に非実利的かつ自由な立場にもとづいた高水準の教育が行なわれるようになった。こうした教育のあり方はコレージュ・ド・フランスの使命とされ、その使命は時代をへても変わることなく維持された。例をフランスにかぎるなら、その王立教授団以後のものとして、王立のメセナが同様の機関として創立した一六三五年の「王立植物園」、一六六七年の「パリ天文台」が挙げられるだろう。そうした機関においても、高度の内容をそなえた教育と研究が行なわれた。

アカデミーについてもふれておこう。たいていの場合、初期のアカデミーは裕福で学識のある「ディレッタンティ」たちが開く仲間うちの集まりであり、それは十五世紀末のイタリアですでに見られた。十七世紀にはいり、フランスとイギリスで最初の王立アカデミーが誕生すると（アカデミー・フランセーズの発足は一六三六年、「碑文・文芸アカデミー」は一六六三年、「科学アカデミー」は一六六六年である。イギリスの「ロイヤル・ソサイエティ」は一六六二年）、ヨーロッパ中がそれにならった（「ベルリン科学アカデミー」創立が一七〇〇年、「サンクトペテルブルグ科学アカデミー」が一七二五年）。十八世紀になると地方においてもアカデミーや学会が多く生まれるようになる。通常、アカデミーは教育が行なわれる機関ではなかった。そのかわり、アカデミーは知的交流の場ならびに学術機構として機能し（蔵書やコレクションが豊富だったため）、それは実質上かなりの程度まで大学に取ってかわる機関だったといえる。アカデミーは、大学が中世から担ってきた、君主の助言者としての役割と学問認証機関としての役割を、ともに果たすようになっていったのである。

3　専門学校、職業学校——職業教育が学校教育として行なわれることを望む声は、すでに中世から存在していた。たとえば、托鉢修道会により開始された「ステューディア（研修用修道院）」（説教師の育成）にそうした要求の反映を見て取ることができるだろう。同様の例として挙げられるイギリスの「法学院」

（私立の法律学校、弁護士のカレッジにより運営された）では、大学とは違い、自然法や「慣習法」を専門とする法律家の育成が行なわれていた。

すでに見たようなコレージュの発展も、教育を厳密でより一貫性のあるものにしたいという当時の要求から説明することができるだろう。じっさいはコレージュでなされていた教育はいまだかなり一般的であった。とはいえ、中世における人文学部の多くはうまく教育が組織されておらず、そのカリキュラムにはあらゆる分野がつめこまれていた。コレージュの発展は、そうした人文学部からの一種の解放でもあったのである。

しかしながら、真に職業学校と呼べる機関が登場するのは近代にはいってからである。大学の学位それ自体はじっさいの能力を裏づけるものではないということを、国家のみならず職業機関もまた次第に意識するようになっていた。また、科学技術の発展とともに、有用とされる能力もまた幅広いものとなり、そうした能力の需要が、古くからの大学の枠組みを超過してしまってもいただろう。いずれにせよ、人びとは職業教育が相変わらず私的、自発的になされることをもはや望んでいなかった。こうした経緯から、職業教育は公的機関として組織されるようになっていくのである。すでに言及したように、場所によっては職業教育が既存の大学にうまく取り入れられることもあった（ドイツの大学におけるあらたな講座の創設、大学神学部に併合されたカトリック神学校）。だがたいていの場合、大学の外に「エコール・スペシアル（専門学校）」や職業教育コレージュは設立されたのである。その恰好の例として、従来の医学部の外部に数多く出現したヨーロッパ各地の外科医学のコレージュやアカデミーを挙げることができる。このことが示しているのは、外科医という職業の地位の向上、ならびにその解放だろう。さらに同様の例として、民間技師のための学校や士官学校を挙げておこう。ヨーロッパのなかでもそうした学校はフランスに多く、このことは、当時のフランスの大学がとりわけ無策の状態におちいっていたことを示している。そうした職業学校としては土木学校（ポンゼショセ）（一七四三年）、メジエール工兵学校（一七四九年）、獣医学校（一七六二〜六六年）、鉱業学校（一七八三年）などが挙げられる。これらが従来の大学と対立する点を挙げるなら、職業教育を公然と打ち出していたという点であり、さらに教員が完全に世俗化され、国家が運営や教員採用を管理下に置いていたという点である。さらに生徒の登録にさいして「ニュメリュス・クロズュス（定員数制限）」が設けられ、生徒は寄宿が義務づけられた。これらはいずれも従来の大学に見られなかったものである。ところで、こうした職業学校こそ、のちのフランス革命が高等教育の範例とするものにほかならない。

以上見てきたように、十六世紀から十八世紀にかけて、大学の基礎は一新される。十九世紀において大学を再構築しようとする試みは、こうした基礎にもとづいて行なわれることになる。

第二部　大革命以後

第五章　第一の革新——学問か、それとも職業か（一七八〇年頃〜一八六〇年頃）

大革命以後の前半期（〜一八六〇年頃）は三つの要素から成り立っている。まず、ヨーロッパの多くの地域で近代さらには中世からの伝統が保たれていたこと、次に、ドイツとフランスのそれぞれに近代的な大学モデルが誕生したこと、最後に、あいかわらず教師と学生はエリートとして集められ、高等教育がなによりも専門職の養成という役割を担っていたことである。この時代においては、研究活動の大半は大学の外（アカデミーや学者協会）、あるいは独立した自由な学者たちによって担われていた。高等教育機関は支配階層のごく一部を養成するためのものでしかなかったとはいえ（貴族のほとんどは学校的な知を軽蔑しており、それはアンシアン・レジームのヨーロッパのほとんどの社会に共通していた）、十九世紀前半には大学は、国民的かつ自由主義的な運動の決定的な舞台となり、運動の中心となる人物や担い手、そして彼らの表現手段を育むようになる。

しかしこのような全般的傾向は、国や地域の進化が同一の段階になかったため、それぞれに異なった仕方で現われている。

I　ドイツにおける早熟な変容とその理由

きな影響を受けている。

1　制度的変化——ドイツの大学は、フランス大革命と十九世紀初めのナポレオンの征服によって大

一七八九年にドイツには三五の大学があった。学生数は七九〇〇人であり、その四〇パーセントは四つの大きな大学（ハレ、ゲッティンゲン、イエナ、ライプツィヒ）に集中していた。古い大学のうち一八は消滅し、一六の大学（キール、ロストック、グライフスヴァルト、ケーニヒスベルク、ハレ、ゲッティンゲン、マールブルク、ギーセン、イエナ、ライプツィヒ、ハイデルベルク、フライブルク、チュービンゲン、ヴュルツブルク、エアランゲン、ランツフート（一八三五年にミュンヘンに移転））が存続していた。プロイセンはさらに三つの大学を新設する。まずティルジット条約で他国に編入されたハレ大学の代わりに、一八一〇年にベルリン大学が創設される。イエナでの敗北ののち、プロイセンにとっては王国のエリート教育を近代化することが急務であった。一八一八年には、ボン大学とブレスラウ大学が創設あるいは再建されるが、それにはさらに別の意味があった。つまり、一八一五年以降に勢いを取り戻したプロイセンの力を、東は征服したポーランドの一部から、西は大革命とナポレオンの帝国時代にフランスの占領下にあったカトリックのライン河岸地方まで、きわめて異質な要素からなる国土にいき渡らせることだった。これら三つの大学は、十九世紀後半になるとドイツの最も重要な大学に数えられるようになる。古い伝統に縛られるこ

とがなかったそれらは、あらたな知的かつ社会的な要求に、知的かつ制度的にすばやく適応できたのである。

十九世紀前半のドイツの大学の歴史には、相反するいくつかの現象がみられる。第一に、学生数が十八世紀末から十九世紀前半にかけて減少あるいは停滞したのちに、大幅に増えている。一八一五年頃に四九〇〇人にまで減っていた学生数は、一八二五年にはその約二倍（九八七六人）になり、一八三〇年には一万五八三八人に達している。その後、一八六〇年頃までは一万一〇〇〇人付近に停滞するが、一八七〇年にはふたたび最高値を取り戻している。[1]この力強い成長は、学生の支払う授業料の一部を受け取っていた教授たちの収入を改善することになった。ライプツィヒの教授たちは、十八世紀の終わりに二二五ターレルしか得ていないが、ベルリン、チュービンゲン、マールブルクあるいはロストックでは、一八二〇年から三〇年頃に、四〇〇から一四〇〇ターレルの収入を得ている。[2]この金銭的な改善によって、教授たちはアンシアン・レジーム期のさまざまな副業から解放され、研究により多くの時間を割けるようになった。大学間で行なわれた教師の引き抜きは報酬の増加をともなったため、教育や研究あるいは博識によって抜きん出ようとする者への副次的な励みとなった。大学の構成も、かつての学部間の均衡が崩れたことで変化している。一八三〇年代に優勢であった法学部と神学部は学生数を減らす。その代りに医学部と哲学部（文系と理系）は学生数を増やし、一八八〇年代初めには、それぞれ全体の二一・五パーセントと四〇・三パーセントを占めるに至る。教育形態も変化し、まず文献学、博物学、そしてのちには数学そして物理学のような新しい専門領域において、講義のほかにゼミナールが行なわれるようになる。ゼミナールや実験（ギーセン大学での化学者リービッヒのそれなど）あるいはクリニック（臨床実習）は、専門家すなわち将来の教授および学者を養成するためのものだった。世紀の中頃までは哲学者（ヘーゲル、シェリングあるいはフィヒテなど）が壮大な哲学体系を発展させ、その大教室での講義が学生たちの国家的統一への憧れを育んでいたが、一八四〇年代から七〇年代にかけては、むしろより専門化された教育が大学の名声と結びつくようになる。

（1）前出参考文献【20】六三～六四頁、一五七頁。
（2）巻末参考文献【29】三七頁。

この変化をもたらしたものは、W・フォン・フンボルト、フィヒテ、シュライエルマッハーが新人文主義的な思潮のなかで育んだ諸理念（学ぶ自由、教える自由、研究者と学生の孤独と自由、百科全書主義）であり、そうした理念の実現は、まずベルリン大学で取り組まれた。そしてそのような考えは次第に（学生と教師の移動をとおして、そしてドイツの大学におけるプロイセンの威信のゆえに）古い伝統主義的な大学にも浸透していく。ドイツの大学モデルと呼びうるものはこのようにして基礎づけられた。しかし忘れてはならないのは、古くからの慣行（地域ごとの宗派の違い、バイエルンのような南のカトリックの諸州での哲学部の従属的地位など）も残り、大学を手中に収めようとするドイツの領主たちの干渉も続いたということである。

ドイツ連邦議会によるカールスバード会議は、一八一九年にそれぞれの大学に諸邦の政府の代表を置くことを決めている。一八四八年以降、その代表は権力をより制限された「クラトール」（管理者）によって交代される。このようにして、諸邦間にヨーロッパでも稀なアカデミックな市場が形成されたが、そこでの競争は必ずしも公平ではなく、教師の採用にはコネがまかり通った。それはとりわけキール、ギーセンあるいはマールブルクのような小さな大学で著しかった。国家は、員外教授、あるいは賃金の低い非常勤の私講師（プリヴァート・ドッェンテン）と呼ばれるポストを用意することで教授職に就こうとする若い研究者たちのライバル意識を高めようとした。だがそれは同時に、正教授たちによる教授会の自治を制限し、新しい博士たちの競争にさいして自分に近い者を優遇するという結果を招いた。教師の採用はほかにも、学問とは関係のない思惑によって歪められる。つまりカトリック教徒、それ以上にユダヤ系の教師は差別と追放の憂き目にあったのである。ユダヤ系でもとりわけ一八三〇～四〇年代の自由と革命の運動に加わった者は、西の地方さらにはフランスにまで職を探さねばならなかった。しかしこの流出によって、ドイツの学問モデル、さらにはフランスにおいて重視されてこなかった語学や東洋学のような新たな領域が、フランスにもたらされることになった。教師と学生は、ドイツ統一に至るまで重要な政治的役割を担っている（一八三三年に鎮圧されたブルシェンシャフト＝学生組合の運動）。南ドイツの立憲君主諸邦では、一部の大学人は領邦議会《ランドターク》の議員となっている。著名な教授はたいてい自由思想の持ち主か（国の政策を批判したことで一八三七年に大学から追放されたゲッティンゲンの七教授は有名である）、あるいはドイツ統一の「フォルメルツ」（三月革命前夜）の運動に共鳴した者たちであった。一八四八年のフランクフルト連邦議会は（議席を正教授全体の八パーセントにあたる五二人の大学人が占めていたため）「教授たちの議会」と呼ばれるほどだった。しかし沈黙したほとんどの教授たちは明らかに保守的であり、一八四八年の民主化運動にも敵対した。

2　社会的機能――学生人口が増加したことにはいくつかの要因がある。まず、西欧諸国に比べて近代的な経済成長が遅れたドイツ社会においては、自由職や行政職が伝統的に尊重されていた。次に、フランスのように厳しい学生の選抜制度がなかった。さらに、大学がドイツの全域に均質に散らばり、しかも大学があるのは一般的に小都市であったため、家賃も安く高等教育のコストも比較的低く抑えられていた。そして最後に、とりわけ聖職者や教師を養成する学部に、さまざまな奨学金や学費後払いの制度があった。ドイツの最新の研究[1]によると、学生数の増減に周期的なサイクルがあることが明らかになっている。すでに見たように、この時期は二つのサイクルに分けられる。一八三〇年以降に減少のサイクルが来ているのは、当時の専制的な社会政策や政治のせいである。いまだにアンシアン・レジームから抜け出せない諸邦の政府は、学生たちの自由主義的な運動と大学修了者の過剰を結びつけ、社会に同化できない貧しい出自の反逆分子を大学が好んで受け入れているとみなしていた。

（1）巻末参考文献【30】。

諸学部のあいだには、最も広く大衆に開かれているカトリック神学部から、最も閉ざされている法学部まで、社会的な格差化というべきものが存在している。法学部は名誉ある官僚職に就くことができるばかりでなく、貴族階級の学生が最も多い学部であった。哲学部（文系と理系）と医学部はそれらの中間的な社会的構成を示している。学生の増加は最も「民主的」な神学部から始まった。地方に根を張っている就職口も多いその学部に、職人、小商店主、さらに裕福な農民の子息たちが進学するようになったのである。しかし全体としてみると、大学は当該年齢層のごく少数、一八六五年においては〇・五パーセントにしか開かれていない。学生の出身階層の変動をみると、官僚の子息（三八パーセント）そしてより一般的には「教養あるブルジョワジー」（ビルドゥンクスブルゲルツム）の子息が多く、大学は、どちらかというと社会的再生産のための機関から、新たなタイプのブルジョワジー（財界人や自由職）を養成し、小ブルジョワジーの一部の子息に出世の機会を与える機関へと変容していることがわかる（しかし小ブルジョワジー出身の学生の割合は、一八三〇年代に学生全体の二五パーセントを占めていたが、その後の学生の減少期には二〇パーセントまで落ち込んでいる）。逆に、庶民階層の出身者はほとんど存在しないも同然であった[1]（二パーセント以下）。

この時期にはまた学生特有の習わしも定着しはじめた。寮や酒場での馬鹿さわぎ、冬の北部の大学から夏の南部の大学への遍歴、決闘を好むような懐古的で貴族的な学生グループ（コルプス）と、一八三〇年代および一八四八年の運動を担ってドイツ統一の先駆けとなった学生グループ（ブルシェンシャフト）の対立などである。解放の運動はその最盛期である一八四八〜四九年には学生全体の六〇パーセントを動員し、学生はこうして諸邦の国境を越えて存在するドイツの初めての社会政治的グループとなったのだった。

（1）巻末参考文献【31】二三九頁。

3　オーストリア＝ハンガリーの特殊性——オーストリア＝ハンガリー帝国の高等教育は、ドイツと同じ言語圏であるにもかかわらず、ドイツよりもずっと伝統的かつ権威主義的である。一七七三年にイエズス会を追放したのち、一七七七年には「ラティオ・エドゥカティオニス」法が公布されたが、それによれば中央の権力は、ドイツ語圏ではない地方まで含めてシステムの全体を統治している。しかし、中世からの遺産（国ごとの学生組合や博士たちの「議会」）がドイツの近代的なモデルの導入を妨げていた。また高等教育は、多種多様な地方からなる「帝国」を統括するための人材育成という、純粋に機能主義的な目的を保ちつづけていた。したがってそれは、少しずつ教育の自由が導入されたドイツとは逆に、すべての細部に渡って厳しく管理されていた。ハンガリーには、博士号を授与する大学としては、ブダに一七七七年に移設、のちにさらにペストに移されたものが一つ存在したのみだった。地方には、法律アカデミーや高校、そして大神学校や技術学校があった。帝国のこの地域においては、ほとんどの学生は法学あるいは神学を学んでいた。ウィーン大学の医学部を除けば、オーストリアの大学は学問的なレヴェルで遅れをとっていた。ウィーンやハンガリーの学生たちも一八四八年の革命には積極的に参

加したため、権力は次第にプロイセン・モデルに従わざるをえなくなったが（ホーヘンベルクートゥーン伯の改革）、一八六〇年頃まではそれも専制的なやり方でなされている（たとえば、一八四四年から講義がハンガリー語でなされていたブダペスト大学においては、ドイツ語が強制されるようになる）。中等教育が二年延長され、大学はかつてのように準備学級の学生に教養課程を教える必要はなくなったが、他方で「成年試験」（バカロレア）が高等教育への進学のために義務づけられた。その過程で哲学部はドイツと同じように他学部と同等の地位を獲得している。学生の国ごとの組合〔ナチオ〕は廃止され、授業への学生の登録数によって教員の報酬が変わる制度が導入された。アカデミックな市場の開放（「私講師」プリヴァート・ドッェンテンの増加とドイツ人教師の登用）は、競争によって教師のレヴェルを少しずつ高めることにつながった。逆に、一八六七年のオーストリア＝ハンガリー合意によってハンガリー地方のマジャール化が進んだことで、言語と国籍の対立が高等教育のなかにも入り込み、のちの主要な対立の原因となっている。またオーストリア＝ハンガリー帝国の大学の特徴は、第一次世界大戦の頃まで続く、専門職養成のための学部とりわけ法学部の支配的な地位である。一八六〇年にはウィーン大学の学生の四七・五パーセント、一九〇九年には五三・八パーセントが法学部の学生であり、ハンガリーではその割合は六〇パーセント近くに達している。(1) そこにはフランスにおけるナポレオンのシステムに対応するような「ヨーゼフ主義」の官僚的伝統を見ることができる。

（1）巻末参考文献【32】二三七頁、【33】一九六頁。

II　フランス・モデルにおける職業と学問の対立

1　ナポレオンのシステム

——十九世紀前半のフランスの高等教育は、他のヨーロッパ諸国には見られない独自性を示している。他の国においては、改革の努力にもかかわらず中世あるいはアンシアン・レジームの特徴が残っていたのに対して、フランスでは、高等教育はまったく白紙の状態から再建されたのである。

大学は一七九三年九月十五日の国民公会で廃止された。その後まで残ったのは、コレージュ・ド・フランス、改名されて自然史博物館となった王立植物園、パリ天文台、そしてエコール・スペシアル（橋梁土木学校、鉱山学校）のような公的機関だけであった。一七九四年九月には新公共事業中央学校《ヌーヴェル・エコール・サントラル・デ・トラヴォー・ピュブリック》（エコール・ポリテクニック＝理工科学校の前身）が設立され、エコール・スペシアルはその実習校となった。同じ年に、かつての医学部（パリ、ストラスブール、モンペリエ）が三つの医学校《エコール・ド・サンテ》として復活している。また同年の十月には、教員養成のためにエコール・ノルマル・シュペリユール（高等師範学校）が設置された。それは数カ月で閉鎖され、ナポレオンによって一八一〇年に寄宿学校《アンテルナ》として再生されたのち、王政復古（一八二二～三六年）の反動期にふたたび閉鎖される。だが、最終的にそれは七月王政によってユルム街の現在地に置かれることになった。

高等教育の再建は、十八世紀においてすでになされていたいくつかの革新の延長であると同時に、大革命のラディカルな開放政策と十八世紀の凋落した大学をともに否定するようなかたちでなされている。そこではとりわけ三つの点が考慮された。すなわち、革命後の混乱したフランスに国家と社会を安定させるための幹部人材を提供すること、つぎに、そのような人材の教育を新たな社会秩序のもとで厳しくコントロールすること、そして、プロフェッショナルな組合の再生を防ぐことである。この啓蒙専制主義は、いくつかの修正はあったにしても、エコール（学校）と呼ばれるモデルの支配をもたらした（ファキュルテ＝学部と呼ばれる場合でも、実質はエコールと変わらなかった）。つまり、国家免状によって役職あるいは特定の職業へのアクセスが制限され、成績による席次と試験による選抜が重視されて、必ずしもそれが必要でない領域にまで適用され、単一のカリキュラムと学位授与権の国家独占が正当化されたのである。同業組合に関しては、中等教育と高等教育の教員すべてを束ねる「ユニヴェルシテ」のみが認められたが、それはきびしく監視され、あらたな国家を構成する諸団体のヒエラルキーに組み込まれた。したがってこのシステムは、仕事の厳格な分業と教育の専門化を含んでおり、その意味でフンボルトの大学の理想とは明らかに対立するものだった。ファキュルテ（文学部と理学部）はドイツにおいては学問の革新をもたらしたけれども、フランスにおいては低迷してそのような役目を果たすことはできず、地方では、教員はバカロレア（中等教育修了資格試験）の審査をするのがおもな仕事となっていた。研究あるいは革新は、したがってパリにある著名なエコール、ソルボンヌ、あるいはコレージュ・ド・フランスのいくつかの講義、学士院や独立した学会によって担われた。二十世紀になって用いられる「パリとフランス砂漠」という表現は、一八六〇年頃までの高等教育の状態をうまく要約していた。

パリへの過度の集中は、同時代人の批判やそれを阻止しようとする政府の配慮にもかかわらず改まらず、それゆえにさまざまな問題をひきおこした。法学部を除けばほとんどの大学人はパリにあるグランド・ゼコールの出身者であったため、パリに戻ることが主要な関心事だった。したがって地方では有閑人のためのサロンのような講座はあっても、真の意味で知的な活動はなされなかった。学生はパリのカルチエ・ラタンに集められ、潤沢な仕送りのある豊かな家の出身者以外は、生活と勉学の劣悪な条件に苦しめられた。しかし彼らのボヘミアンのようなパリでの生活は、寮に閉じ込められていた中学・高校での生活のあとの、世界へと解放される貴重な体験にほかならなかった。保守主義者にとっては、カルチエ・ラタンは自由あるいは革命のイデオロギー、そして政治的な動揺をもたらす若者たちの巣窟でしかなかった。じっさい、多くの学生は一八四八年の王政復古や一八三〇年の七月革命、そしてルイ＝フィリップの七月王政のときにめざましく動き、その活躍はバリケード上や秘密結社のなかにもおよんだのである。そしてパリはヨーロッパの学生運動のモデルとみなされるようになる。学生と同様に教師もまた、この政治的な混乱の時代にあってイデオロジックな闘いに身を投じている。専制主義の体制はそのような教師を処分するのをためらわなかった。パリの医学部と法学部の教授の一部は一八二二年にその犠牲となり、コレージュ・ド・フランスの教授であったミシュレ、キネ、ミキエヴィチも七月王政の末期には追放され、一八五一年のクーデタのあとにもふたたびソルボンヌとコレージュ・ド・フランスの何人かの教授が免職になった。

財政の観点から見ると、この時代のフランスの高等教育は逆説的な状況にあった。というのも、授業料収入によって支出の大部分は補われ、第二帝政下の文学部や法学部では利益さえ生みだしていたからである。しかしもちろん、図書館、建物、研究所あるいは研究補助の人員への投資などは微々たるものにすぎず、そのため、ドイツの豊かな大学と比べたときのフランスの学問的な遅れは、次第に決定的なものとなった。

2　社会的そして知的ヒエラルキー——学部《ファキュルテ》のあいだに社会的ヒエラルキーがあったことは、学費や修学期間のきわだった不平等から明らかである。法学部の学士号を獲得するのに五七〇フラン（修学期間三年）が必要であったのに対して、文学部のそれは一五〇フラン（修学期間一年）であった。また医学部の博士号は一三〇〇フランであるのに対して、理学部のそれは一四〇フランでよかった[1]。文学部や理学部では教員にわずかな給料しか支払われず、とりわけ地方でその傾向が強かったが、法学部や医学部の教員は、とりわけパリにおいては、第二帝政以降は一定の顧客を獲得することで自由業にふさわしい高収入を得ることができた。学生たちの社会的出自もドイツと同じように学部ごとに異なっている。たとえばトゥールーズ大学では、七月王政下において法学部の学生の二八・九パーセントが自由業、七・四パーセントが官僚、四九・五パーセントが地主の子息であり、小ブルジョワジーは全体の三パーセント弱であった。文学部、理学部、あるいは薬学部にはその逆に、中流階級あるいは小ブルジョワジーの出身者が多い。一八一四年から四八年までにおいては、薬学部の三七・五パーセントの学生が商人あるいは職人、二一・七パーセントが薬剤師、そして九・五パーセントが農家の子息であったのに対して、地主あるいは法律家の子息は十七パーセントを占めていたにすぎない。高等師範学校の学生に関していえば、ファキュルテの学生に比べて選抜はたしかに厳しかったにもかかわらず、割合はほぼ同じとなっている。つまり理系と文系でそれぞれ、三五パーセントと三六パーセントが商人あるいは職人、二三・五パーセントと二二パーセントが農家、被雇用者、公務員あるいは小学校教員の子息であり、他方、四二パーセントと四〇・五パーセントがブルジョワ階級あるいはブルジョワ的専門職の子息であった[2]。

（1）前出参考文献【22】①二九八頁。
（2）巻末参考文献【34】一六五頁（一八四一～四四年に関する統計）、【35】九六頁（薬学）、【36】一〇五頁（一八三〇～四九年）。

このリベラルかつ不平等な論理は教師においても支配的である。というのも、給与の一部は受験料のような「臨時収入」からもたらされたため、学生数が多い法学部や志願者が多いパリの教授たちは有利であった。法学部や医学部に多く見られる自由業との兼職も、同様に収入の隔たりを拡げることになった。文学部や理学部の教師は、とりわけパリにおいては、複数の学校で教えるか教務を兼務するなどして副収入を得ていた。そのことは副産物として、代理教員や補助教員の濫用を生みだした。

Ⅲ　伝統と近代化のはざまで――北西ヨーロッパ

1　イングランドとスコットランド――この時期のイギリスの大学は、近世以来のその特徴のほとんどを保っていた。しかし一方でスコットランド、他方でイングランドという、あらゆる点で異なる二つのグループを区別したほうがよいだろう。

スコットランドは、イングランドよりもむしろ大陸、それもドイツに近い。そこには四つの大学（エジンバラ、グラスゴー、セント・アンドリューズ、アバディーン）があり、一八二五年から二六年にかけて四五〇〇人の学生を擁していた。人口が少ないにもかかわらずこれだけ学生数が多かったのは、小教区の学校を出たばかりの「ラッズオパーツ」と呼ばれる十四歳から十五歳までの少年が、二十歳から三十歳までの若者に加えて在籍していたからである。履修課程と入学条件が柔軟であったため、一部の学生は働きながら学ぶこともでき、ヨーロッパのどこよりも民主的な進学環境が生まれていた。

十九世紀初頭のイングランドにはオックスフォード大学とケンブリッジ大学しかなかったが、それらはスコットランドの大学とあらゆる点で異なっていた。それらは十八世紀のほとんどを覆う長い停滞からいまだ抜け出せないでいた。一八二九年頃には入学者数が八四〇名となったが、十七世紀のレヴェルをようやく取り戻したにすぎなかった。寮生活の強制、高額な学費、そして英国国教徒以外への入学拒否のせいで、学生の人口は抑制されていた。また形式化された試験（「トライポス」）がおもにケンブリッジで漸進的に導入され、少しずつ教育と学生の質が改善される。大学が以前から保っていた国家に対する全面的な自律性は、その豊かな土地資産と教会との密接な結びつきによって支えられていた。そのことを快く思わない者たちは障害を回避しつつ、国教徒のためのものではない最初のカレッジを一八二八年にロンドンに創ることになった（のちにロンドン大学の中核の一つとなるユニヴァーシティー・カレッジ）。首都の国教徒たちはそれに対抗して、一八三一年にキングス・カレッジを創設している。ホイッグ（自由党）の政権は、これらの二つのカレッジを一八三六年にロンドン大学として認可し、ロンドンにある諸学校の生徒への学位授与権を与えた。こうして一八五〇年にはすでに、二〇〇〇人が伝統的な大学の制約からのがれて学位を授与されている。一八四〇年代には、政府の大学政策への批判が支配階層のなかにも広がり、そのことが一八五〇年のオックスブリッジ王立調査委員会の設立につながった。しかし本質的な変化が生じるのはその後である。

2　イギリスの大学の海外進出――この時期から第二次世界大戦までのイギリスの高等教育の最大の特色は、本国の大学と似た教育機関が、その世界最大の帝国植民地と自治領にも少しずつ定着したことである。たとえば一八〇〇年の時点で、インドにはヨーロッパ的な意味で大学と呼べるものは一つもなかったけれども、一九三九年には一七を数えるようになる。最初のカレッジは、一八一七年にカルカッタに設立されている（「ヒンドゥー・カレッジ」）。カルカッタの商人たちのイニシアティヴが、腰の重いイギリス政府を動かしたのだった。逆に一八五七年には、カルカッタ、ボンベイ、マドラスに、「アフィリエイティング・ユニヴァーシティー」（提携校）のシステムがロンドンのモデルにならって導入されている。これらの機関は、管轄の地域にあるさまざまなカレッジが与える学位を保証するものだった。十九世紀末になると、私的そして公的なイニシアティヴばかりでなく、さまざまな布教団体や地方の権力者も高等教育に参入してくる（イスラムそして地方大学の誕生）。これらの機関がヨーロッパの規範に近づくものであったことは、ケンブリッジ大学が一八八七年に、インドにある四九の大学提携カレッジからやってくる留学生に対して、カレッジ第一段階の就学を一年だけ免除したことからもわかる。教育に用いられた言語はほとんどが英語であったが、そのことは植民地に西洋化されたエリートや、独立運動の指導者を育てることにつながった。しかし植民地の特徴として、これらの萌芽的な大学は宗主国に従属しており、学生は一般的には学士号（B・A）を取るのみで、修士号（M・A）を取る者はまれだった。またこれらの機関は博士号を授与することはなく、したがって研究の機能を果たしてはいなかった。学生たちは勉学を続けるにはイギリスに行くしかなかったが、これは現代史における頭脳流失の先駆けでもある。また農業以外に産業のない国において、ほとんど就職先がないということもまた大学の発展を制限していた。

自治領としてのカナダ、オーストラリアあるいはニュージーランドにおいては、もとよりそのような地元の文化との対立の問題は生じなかった。これらの国での大学創設の年代はほぼ似かよっている。いずれの地域においても、あらたな社会の中核となる人材が不足し、しかも（本国から遠く離れているために）人材を当地において養成しなければならないという事情を抱えていた。カナダでは初期のカレッジには宗教系のものが多く、ニュースコットランドのウィンザーに創られたキングス・カレッジは英国国教会系（一七九〇年に創設、一八〇二年に国王勅許）、キングストン（オンタリオ州）に創られたクイーンズ・ユニヴァーシティーはプロテスタント長老派教会系である（一八四一年）。ケベック州では、ラヴァル大学のようなカトリック系の大学や、モントリオールのマギル大学（一八二一年）のような私立大学も創られた。同じ年にトロントにもう一つのキングス・カレッジが創設されたが、当初プロテスタント系であったこのカレッジは一八三四年に独立して、一八五三年からは大学となってその地方に散らばるカレッジを統括するようになる。イギリスの大学との関係は学生の留学をとおして、あるいはマギル大学で一八九八年に教えた物理学者ラザフォード(1)の場合のように、教授の招聘を通して続いている。

（1）アーネスト・ラザフォード（一八七一～一九三七年）。ニュージーランド生まれの英国の物理学者、ノーベル化学賞（一九〇八年）〔訳注〕。

オーストラリアの二つの大学は、一八五八年（シドニー大学）そして一八五九年（メルボルン大学）に国王勅許によって認可されるが、その創設はそれよりさらに遡るものである（メルボルン大学は一八一三年）。ニュージーランド大学は、それらに続いて一八七〇年に創設された。それはケンブリッジ大学の提携校として、ニュージーランドのすべてのカレッジに対して、ロンドンにおけるロンドン大学のような役割（試験の審査）を果たした。最初の教授たちはオックスフォードやケンブリッジから来たが、大学の運営はイギリスの特徴（宗教系の寄宿型カレッジ）とエディンバラの教育形態（カレッジでの個人指導よりも講義や近代化された履修課程）を折衷していた。

3 ベルギーとオランダ――オランダ王国は、ナポレオンの「帝国」に属したベルギーの諸県と同様、

フランスの支配下に置かれたため、ナポレオンの政策の影響を直接的に被った。

古くからのオランダの大学のうち、一八一五年まで残ったものはライデン大学、ユトレヒト大学、グロニング大学のみだった。フランスの帝国大学のシステムに組み入れられることはなかったものの、ナポレオンが失墜したとき、ライデン大学のかつての栄光は見る影もなかった。というのも、一八一四～一五年においてこの大学には三二八人の学生しか在籍していなかったからである。(1) 一八一六年には、ギヨーム一世がオランダ南部に三つの大学を設置することを決定した。北部には三つの古い大学と、一八七七年に大学に格上げされるアムステルダム市立学院があったため、それとの均衡を図ることが求められたのである。こうしてゲント大学、リエージュ大学が誕生し、フランスによって一七九七年に閉鎖されていたルーヴァン大学も再生する。授業は外国人の教師によってラテン語で行なわれた。一八三〇年のベルギーの独立以後は、ラテン語はフランス語に取って代わられ、あらたにブリュッセルに自由主義的なフリーメーソンの大学、そして一八三四年にマリーヌにカトリック系の大学が創られる。一八三五年の再編のあとは大学が四つに減らされた。二つの国立大学（ゲントとリエージュ）、ブリュッセル自由大学、そしてルーヴァン・カトリック大学である。

（1）巻末参考文献【37】二三頁。

一八八〇年代まで、大学は多くの学生に開かれており、大学による入学審査は一八七六年まで行なわ

れなかった。それは外国人学生が多かったためである（一八七六年には一八〇〇人のうち四五〇人、全体の四分の一を外国人が占めていた）。自由思想を尊んだブリュッセル自由大学は、アナーキストの地理学者エリゼ・ルクリュのように因習にとらわれない学者も受け入れていた。十九世紀末にはフランス語の帝国主義に起因する言語的対立が生じている。フラマン語地方の大学が地方言語で教える権利を獲得するのは一九二〇年代のことであり、ゲント大学が「フラマン語化」されるのは一九三二年である。ベルギーの大学の独自性は、外国に向かって開かれていたこと（優秀な学生たちはフランス、ドイツあるいはイギリスに留学して勉学を続けた）、ドイツとフランスの特徴をともに借り受けていたこと、そして教師がしばしば（ベルギー、ドイツそしてフランスで）多様な教育を受けていたゆえに諸文化を結ぶ役割を演じたことである。

オランダの大学も同じような特徴をもっている。一八一五年の高等教育法はそれまであった教養学部を廃止して、二つの学部、すなわち哲学と文学のための学部と数学と物理学のための学部を創設した。かつてと同様にそれらの学部は高等課程への準備課程の役目を果たしたが、博士号と「カンディダート」修了証の授与権をもつことで高等課程と同等にみなされるようになった。一八四八年の憲法によって私立大学の開設が可能となり、アムステルダムにカルヴァン派の大学（一八八〇年）、ニメーグにカトリックの大学が誕生した（一九二三年）。

一八三〇年のベルギー独立がオランダに深刻な影響をもたらしたことは、一八三一年から七五年まで学生数が一六〇〇名近辺に停滞したことからもうかがえる。しかしそれ以降の発展は力強かった。一八九五年には三〇〇〇人を超え、一九三〇年には一万人に達している。このためオランダでもドイツと同じように非常勤教員を増やさねばならなかった。

4　スカンジナヴィア――一九世紀初頭の政治的動揺をまぬかれたスカンジナヴィアの大学は、伝統的なままに留まっていた。大学はすでにデンマークのコペンハーゲン、スウェーデンのルンドとウプサラに存在していた。ノルウェーに一八一一年に創設されたクリスティアニア（オスロ）大学は、一九〇五年まで外国の支配のもとに留まるこの国にとって国民主義の中心となる。同様に、ロシア帝国の支配のもと大公国として建国されたフィンランドでは、トゥルク大学がヘルシンキに移転している（一八二八年）。

スウェーデンには十七世紀のプロテスタントの大学モデルが色濃く残っており、とりわけウプサラ大学は十八世紀の輝かしい過去を誇っていた。しかしそこにも少しずつドイツの影響が感じられるようになる。伝統的な二つの大学が担う理想主義的な概念と、近代的で実用主義的な概念が対立し、後者は一八七八年に、ストックホルムに科学を志向する私立の専門高等教育機関「ホグスコラ」の創立をもたらしている。同様の施設は一八九一年にヨーテボリにも誕生している(1)。また中世からの教師の組合的な特権を維持するかどうかということも問題となった。自由主義者たちは大学の首都への移転を要求し、職業専門的な学部をストックホルムの研究機関や病院と結びつけようとした(2)。一八七三年には、医学バカロレアの授与権をストックホルムのカロリンスカ研究所に与えることで妥協が成立し、伝統的な大学が弱体化させられることはなかった。しかしその土地資産のおかげで財政的に独立していたスウェーデンの大学も、十九世紀をとおして少しずつ国家予算に頼らねばならなくなる。

(1) 巻末参考文献【38】四七～六〇頁。
(2) 巻末参考文献【39】一五〇頁。

また、都市化と工業化の遅れのためにいまだに貧しかったこれらの国では、国外への移民が多かったために大学進学者は相対的に少なかった。ヘルシンキ大学では一八一八年から二二年にかけての入学者数の平均は三六五人であったが、五〇年後に五八六人となり、その後は加速して世紀末に一〇〇〇人の大台に達し、第一次世界大戦のまえには三〇〇〇人となっている。[1]ウプサラ大学の学生人口の曲線も同じようである。十九世紀初めの五〇〇人から世紀の中頃には九〇〇人前後で安定するが、これは十七世紀にすでに達成されていた数字であった。その後、一八八〇年代の一五〇〇人から第一次世界大戦前の二〇〇〇人へと推移し、第二次世界大戦中に四五〇〇人となる。最初の女子学生は一八七三年に入学を許可され、一九三〇年代には女子が全体の一五パーセントを占めるようになる。[2]

(1) 巻末参考文献【40】三〇三、七七七頁。
(2) 前出参考文献【39】一六四、二一二頁。

IV ヨーロッパの大学の周辺——アメリカ、ロシア、スペイン、イタリア

1 アメリカ合衆国におけるイギリス流カレッジの不変と変化——独立宣言の年である一七七六年には、

アメリカ合衆国には一〇の高等教育機関しか存在しなかった。それらはすべて北東部にあった。その後の二〇年間に、現在まで続く二〇の機関が創設されている。資産不足や人材不足、あるいは何らかの事件のせいであえなく消滅してしまったものを除いて、一八六二年にはそれらは二五〇存在し、そのうちの一八二は現在まで続いている。このような豊穣さは、大学設立の主体となった個人、都市、州、修道

会、有力者などの多さによって説明される。いずれにしても、南北戦争以前のアメリカ合衆国の高等教育は植民地時代とほとんど変わらぬものに留まっていた。それはしたがって、イギリスの大学モデルを可能な限り模倣するものであった。全寮制のカレッジ、文学や宗教を重んじる一般教育、宗教系の多くの大学、教師が知的にばかりでなく精神的にも親代わりの役割を果たすチューター制度などである。とりわけ必要とされたのは、まだ数少ないエリートを育てることだった。

この国の民主的な理想は、当初のネットワークから取り残されていた西部や南部においてとりわけ、大学を増やすことにつながった。ノースカロライナ州は一七八九年に最初の州立大学を創設し、一七九五年から学生を受け入れている。南北戦争の前夜には州立大学は二一校となった。職業教育そのものは、法律や医学については同業者のもとでの修業、あるいはイギリスと同じように大学外の機関によって行なわれ、技術学校や教員養成カレッジなども創られた。最初の博士号がエール大学で授与されるのは一八六一年を待たねばならず、学士（B・A）より上のタイトルをめざす者は、イギリスの植民地と同じようにヨーロッパに留学しなければならなかった。当時ヨーロッパにおいて制度として定着しつつあった教授会による自治は、いまだ存在しなかった。大学が州政府、修道会、個人創立者のいずれかに属しているという違いはあっても、教師たちは外部の権威に従属していた。当初、彼らは過去の知を伝えるだけであり、研究はこの時代にはまだきわめて周縁的であるか、教育の単なる延長に留まっていた。

しかしそれにもかかわらず、当初のイングランド・モデルからの変化もいくつか現われている。スコットランドの影響は、とりわけ一八二五年にジェファーソンによってヴァージニア大学が創設されたときに明らかとなった。そこではチューター制度ではなく講義（レクチュア）に重点が置かれた。また同様に、ドイツの大学からの影響も、一八三七年のミシガン大学が創設されたときに感じられるものとなる。ヨーロッパで教育を受けたアメリカの留学生のなかには、戻って教授や大学の指導者となる者も現われるが、彼らは少しずつ、ドイツ的な意味での履修コースの近代化を目指すようになり、とりわけ、アメリカで支配的な学部教育《アンダー・グラデュエート》をヨーロッパで標準となっている大学院《グラデュエート》レヴェルにまで延長しようと試みた。同様にこの時期から、学生数の増加はヨーロッパと比べるとかなり速くなってゆく。あらゆるタイプのカレッジを合わせた学生数は、一八〇〇年頃の一二三七人から一八六〇年の三万二三六四人へと増加するが、これを十八歳から二十一歳までの年齢層に占める割合でいうと、一パーセントから三・一パーセントへと三倍になったことを示している。[1] この増加に伴っていたのは、カレッジの学生数が減って職業学校のそれが増えるという現象である。職業学校は一八〇〇年には学生数の七パーセントを占めていただけだが、一八六〇年には五〇パーセントを占めるようになる。南北戦争の前には、これらのカレッジの学生たちの年齢はきわめて多様であったが、それはそのころのカレッジで中等教育と高等教育がともに行なわれていたからである。東海岸から離れるほど、大学は地元学生とりわけ農業経営者や職人の子息に開かれたものとなり、さらには地方経済のもとで役立つ学科に重きをおいたものとなる。古典的な中等教育のネットワークが未発達であったため、東部の伝統的なカレッジと比較すると、アカデミックなレヴェルは下がらざるをえなかった。ヨーロッパと比べた場合のアメリカの高等教育の最後の特徴は、早くから女性に対して開かれていたことであり、とりわけ西部の州立大学では、十九世紀のなかばから女子学生を受け入れていた。東部では、プロテスタント系ブルジョワジーによって女子学生のためのカレッジも設立されている。そのなかの最も有名なものは「七姉妹」と呼ばれ、ハーヴァード大学のラドクリフ・カレッジ、コロンビア大学のバーナード・カレッジのように、有名大学に付属するものも含まれていた。

（1）巻末参考文献【41】①一一一～一一二頁。

2　ロシアにおける大学の誕生——十九世紀初めはロシアにおける中等および高等教育システムが設置された時期に相当する。一七五五年に設立されたモスクワ大学を別にすると、それ以外のすべての大学は一八〇二年から一九年のあいだに創設されている。カザン大学とハリコフ大学が一八〇四年に創設され、ドルパート（タルトゥのドイツ名）大学は一六三二年にドイツによって創設されたが、一八〇四年にロシアのものになっている。ビリニュス大学（一八〇二年）にはロシアの支配のもとでとりわけポーランドの学生が多かったが、一八三〇年にポーランドがロシア帝国からの独立をめざして蜂起したことへの報復として、一八三五年にキエフに移転させられている。逆説的なことに首都のサンクトペテルブルグは、当初からいくつもの技術専門学校（鉱山学院（一七七三年）、医学外科軍事アカデミー（一七九九年）、林業学院（一八〇三年）、教育学院など）を持ち、そのほかにも五つのギムナジウム（高等中学校）と貴族のための士官学校を備えていたけれども、大学ができたのは一八一九年のことでしかない。大学を設立するという選択は、当初のフランスのエコール（学校）・モデルをやめてドイツのモデルを選択しようとしたことを意味する。初期の教授たちはもとよりドイツ人か、ドイツの大学とりわけゲッティンゲン大学で教育を受けたロシア人であった。あらたなシステムの矛盾は、ロシア帝国の大学の歴史をとおして続くものだが、学問のために創られ、理論的には自律しているはずのこれらの大学に対して、フランスのグランド・ゼコールに似た国家の管理層養成の役割が与えられたことである。この緊張は、西洋化がうながされて学生の政治活動が高揚するリベラルな局面（十九世紀ロシアの政治において中心的な役割を担うインテリゲンチアが生まれる）と、その力が強くなりすぎることを恐れる権力が抑圧と軍国主義化を進める局面の交替となって現われる。

最初の転機は一八三〇年代の、ヨーロッパとポーランドの一八三〇年から三二年にかけての革命運動と連動している。一八三五年の法令は学生に(彼らが行政全般のヒエラルキーに取り込まれていることを示すための)ユニフォームの着用と、厳格なカリキュラムを強要し、教師に対しては、ロシア正教、専制政治、そしてロシア民族主義を擁護することを強制するものだった。一八四八年のヨーロッパの動揺はロシアの大学のあらたな軍国主義化を引き起こした。大学はいまや権力によって任命された学長を戴き、抵抗する教師は粛清され、講義の内容もあらかじめ管理され、学生数を減らすために授業料が値上げされ、学生も軍事教練と厳格な教育的コントロールのもとにおかれることになった。危険な学問分野(憲法学、哲学)は廃止された。六〇年代初めは逆に、自由主義と学生運動の復活によって性格づけられる。

大学の規模は見込むことのできる学生数に見合って限定されていた。一八三七年に高校には一万六六五〇六人がいたが、大学には二三〇七人、そして大学以外の高等教育機関には五九三人しかいない。一〇年後には四〇〇〇人をわずかに超える。一八五〇年代の専制的措置と学生数の減少は一致するが、それも一八五六年からの新たな増加傾向を抑えることにはならなかった。国家に統合された貴族層をまずは教育するためのものであった大学において、特権を持たないさまざまな階層の学生は少数派であった。モスクワ大学では、一八六二年には七一パーセントが貴族階級あるいは有力官僚の子息で占められ、この割合は一八三一年(六五・九パーセント)より高い。カザン大学、キエフ大学、あるいはペテルブルグ大学など、他の大学でもほぼ同じ割合である。[1] 学生に特権層が多いというこの事実は、しかしながら、これらの若者のかなりの部分が、既成の秩序に敵対する新たな理念を担うようになることと矛盾しない。上から押し付けられる教育に順応し服従したのは、むしろ家庭からの援助を得られぬ貧しい学生たちであった。

（1）割合は巻末参考文献【42】（八二～八三頁）の統計をもとに作成した。他の情報もこの著作に依拠した。

基本的に大学での教育は、週二〇時間の必修課目、年ごとの進級試験、六年を超えると退学となる在学期間（通常は四年で修了）を伴う、きわめて厳格なものだった。しかし選抜はそれほど厳しくなく、「カンディダート」と呼ばれる進学前の高校生の三分の二以上が許可された。それに加えて、一八六〇年代になると大学の規律も緩み、学生ではない有閑人にも講義の聴講が許されるようになる。大学は、たとえその本質的な役割をまったく果たしていなくとも、ロシア社会のなかで大きな威信に包まれていた。正教授は、行政職のヒエラルキーで言えば陸軍少将レヴェルに格づけされ、一八六二年までは一五〇〇ルーブル、それ以降はその二倍の給料を得ている。これは役人の最低給の一〇倍に当たる。学生も同様に、ロシアの近代化を担う者として期待され、反権力闘争によって保守主義者の批判の矢面に立つまでは大衆からも信頼されていた。その集団生活は、ドイツの学生組合とは異なりさまざまな扶助団体や思想サークルを成すものであり、文化に関する諸雑誌への参加や抗議集会への動員が呼びかけられた。親の収入による社会的分断に加えて、いくつかの大学では民族間の葛藤も存在した。ドルパート大学ではドイツ人とロシア人、キエフ大学ではロシア人とポーランド人、ペテルブルグ大学ではロシア人、ポーランド人、ドイツ人が対立していた。

自由主義的な風土がニコライ一世の死後に定着すると、学生はさらに大胆になった。無能な教授を罵倒し、警察を挑発し、無神論や唯物主義を語り、一八五九年以降になると、市民を教化するための日曜学校にも参加するようになる。一八六二年六月には、この日曜学校は反逆的な考えを流布するとみなされて内務省によって突然に禁止される。最も激しい対立は一八六一年の秋に生じており、あらたに導入された厳格な規則に学生が抵抗した。とりわけ、モスクワ大学、ペテルブルグ大学、カザン大学での厳しい弾圧によって終わった。これらの出来事によって示されたことは、一方に学生、そして他方に教授、権力、社会全体をおいて、そのあいだの断層が徐々に広がったということであった。

3 南ヨーロッパにおける停滞――地中海の二つの半島は、ナポレオンによる征服のトラウマから抜け出せないでいた。スペインはフランス化への反動に囚われ、イタリアは失われた起源的統一への郷愁に覆われていた。フランス占領軍への蜂起のときに、スペインの学生はまさに先頭に立って闘ったため、一八一一年には大学の講義はすべて休講になっている。

王政復古ののちに反自由主義的（したがって反フランス的）な傾向が支配的になったけれども、政府の大学政策はナポレオンの中央集権化政策によく似たものだった。長いあいだ低迷していた小さな大学は廃絶された。一八五七年の法律以降、大学はもはや一〇しか残らないが、一八二一年には、アルカラからの移設によってマドリッドに中核となる大学が創られている。マドリッドは十九世紀をとおして、フランスにおけるパリのようにスペインの大学システムを支配している。スペイン植民地の独立以前は、南アメリカの大学にも同じようなシステムが強制されている。一八四〇年以降、自由主義的な政府がカトリックの神学部をすべて廃止し、グラン・セミネール〔カトリックの聖職者養成のための大神学校〕がそれらに代わった。しかし真の開放は大学の外の、ときおり新たな専門領域のポストを創設するいくつかの私設の学会のなかで起きている。

イタリアでは、ナポレオンの治世下で帝国大学への一元化が試みられ、古くからあった小さな大学は大部分がそのときに廃止された。その影響は地域によってまちまちであった。そしてさらに、王政復古の時代にはかつての時代への逆戻りも起きている。ナショナリズムと自由主義の運動に関与した学生やかなりの数の教師は、とりわけ北部地方において、革命的動乱に参加している（カルボナリ党の運動、ピエモンテ革命（一八二一年）、ナポリ解放運動（一八二一年）、教皇領内とりわけボローニャでの反教権主義運動）。ロンバルディア地方では大学はウィーン政府によって厳格に管理されたが、教皇領においては聖職者によって管理されていた。知的活動はしたがって、その一部が大学外の学会で行なわれるようになり、ピサで一八三九年に、トリノで一八四〇年に、そうした学会が開かれている。ピエモンテ王国だけは早くから自由主義へと舵を取り、ドイツの影響が感じられる真の大学改革を成し遂げている。スペインとイタリアが近代の大学システムのための努力を始めるのは、次の時代になってからのことである。

結論――十九世紀前半は、かつての大学の遺産からの断絶がますますはっきりとしてくる時代であった。ヨーロッパの大学空間は大きく拡大して、いまや太平洋からウラル山脈にまで広がり、インドやオセアニアに海外拠点を持つようにさえなった。ドイツの大学モデルが優勢になったとはいえ、中央集権的かつ国家的なフランスのモデルや、カレッジを中心としたイギリスのモデルも代案として残った。研究あるいは職業教育はおもに大学以外あるいは独立した機関でなされたとしても、大学教育は複数のあらたな役割を担うようになったのである。

第六章　第二の変革――研究か、それとも社会的開放か（一八六〇～一九四〇年）

一八六〇年から一九四〇年にかけての時期は、教育史の研究者によって、高等教育の多様化、拡大、そして専門職化《プロフェッシオナリザシオン》の時代と呼ばれている。(1) これらの三つの現象は、ドイツの大学モデルの優勢に伴って現われたため、伝統的なままに留まる大学しかもたない国々においては、このドイツのモデルに想を得た改革が試みられた。しかしそれぞれの国と地方に特殊性があり、共通する部分はほんの一部でしかなかった。ヨーロッパのいくつかの地域に見られる教育をめぐる民族的・宗教的な対立、あるいは経済の成長と都市化の進展のばらつき、さらには国際関係において支配的な地位にあるか、被支配的な地位にあるかによって、数多くのケースが生まれている。しかしこの時代に共通する少なくとも一つの特徴として、高等教育がますます中心的な課題になったということを挙げることができる。個人が社会のなかで自己実現するにも、国が国民の統合をおし進めるにも、学問と経済によって国内そして国際的に発展するにも、あるいはエリートばかりでなく労働運動の担い手を育てるにも、あるいはさらに女性の進学率を向上させてジェンダー格差を解消するにも、大学が重要な役割を担うということが確認されたのである。二つの世界大戦のあいだには、大学は政治的な衝突の舞台となり、それがそのままヨーロッパの多くの国々が経験する危機へとつながってゆく。また大学が世界地図において西から東へと広がっていくという経緯は、同時にそれが少しずつ均質化していくプロセスでもあるだろう。

（1）これはすでに引用した参考文献【41】の副題である。

I　アメリカ・モデルの浮上――高等教育大衆化へのあらたな道

1　新しい大学――アメリカにおいて、真の意味での大学システムがこの国に生じるさまざまな変化とともに形成されるのはこの時期（一八六〇～一九四〇年）のことである。教育はアメリカ社会の中心的な価値をなしていたけれども、大学という試みのなかにあらたな糸口をみいだすことで、ばらばらな国民を統合し、都市化され産業化された社会に新たなエリートを供給し、世界の先進国としての地位を固めて古いヨーロッパを乗り越えようとしたのである。イギリス由来のカレッジという古いモデルは存続していたが、次第にこれらの新しい要求に適応できなくなってくる。一八六二年のモリル法によって、農業学校、ランドグラント・カレッジ（国有地の譲渡などの援助を受ける大学）、教員養成のための州立師範学校など、職業に応じた一連のすべての機関が新設された。それらは次第に、新設される公立大学によって吸収されることになる。この時代はまた、億万長者たちによるメセナの時代でもあった。彼らは、自分たちの国にヨーロッパに負けないような大学、教育と研究を連携させるドイツのような大学を創ることを望み、かくしてカリフォルニアにスタンフォード大学、ボルチモアにジョンズ・ホプキンス大学（ドイツのモデルにならって一八七六年に設立）、コーネル大学、そしてシカゴ大学（ロックフェラーの援助で一八九二年に設立）が創られた。それらは、東部にある伝統的大学（これらもまたドイツの大学を規範として近代化しつつあった）と競合関係にはいる。ヨーロッパでは前資本主義的な時代からの偏見のために大学にはふさわしくないとみなされていたような分野も、実用主義と経済的な発展への信仰の強いアメリカでは、早くから導入されている。たとえば、一八八一年にペンシルヴァニア大学に併設されたウォートン・ファイナンス・スクールのような、財政とビジネスのための教育の流行である。最も有名なハーヴァード・ビジネス・スクールは一九〇八年に創られている。

学生の自由な選択に任せられた教科の柔軟な組み合わせは、ヨーロッパで学んだアブラハム・フレクスナーのような教育学者からは批判され、本来の大学教育への裏切りとみなされた。じっさいには、その柔軟さがきわめて多様な学生の共存を許し、大学の存続に役立つことにもなった。それは技術教育や専門教育と教養教育や学問を結びつけ、大学に顧客および多様な財政支援を引きつけて、企業家のごとき学長の権威主義的な鞭撻のもと、大学が繁栄するのを許したのである。大学の管理者たちに大きな権限が与えられていたこと、国家による介入の少なさ、そしてヨーロッパ・レヴェルに達しようとする努力にもかかわらず従属的な地位に甘んじていた大学人の存在が、ドイツのものでもフランスのものでもない「アメリカの大学モデル」を形成していた。

二十世紀になると、研究がアメリカの大学でも重要性を増し、ドイツのシステムを参考にして創られた大学院（グラデュエイト・スタディーズ）の卒業生や、ヨーロッパ、それもおもにドイツに留学した学生の世代によって支えられるようになる。こうして医学研究がまず立ち上がった。一八九三年に創設されたジョンズ・ホプキンス・メディカル・スクールは、町医者の手に任されていたそれまでの医学校とは異なり、アメリカで初めての本格的な医学部となった。他の専門領域でも大学に付属する実験室や研究所が創られ、博士号（Ph・D）の取得者が増えている。最後に、学修科目《デイシプリン》がヨーロッパのように講座制ではなく、学科ごとに構成されていたということも革新を容易にした。アメリカにおける研究のもう一つの決定的な要素は、それぞれの大学が財政的に潤っていたことである。メセナ、各種基金、あるいは校友会《アルムニ》からの寄付のおかげで、大学は資金に不足することはなかった。当時訪れたヨーロッパの関係者は皆、美しいキャンパス、立派な研究施設、過剰なまでの資力（図書館、教員宿舎など）に驚いている。アメリカがこのようにしてヨーロッパの規範を乗り越えたことから、ヨーロッパに留学する学生数は次第に減少するが、大西洋をはさんでの教師の交流はすでに一九一四年以前から始まっている。

2　高等教育の大衆化に向けて――アメリカの大学システムにおける二つめの独創性は、きわめて早い時期からその大衆化が始まったことである。この発展は、一九二〇年代に生徒数が二五〇万から四八〇万人へと増えた、つまり同年齢層の三二パーセントから五一パーセントへと増えたという、中等教育の大衆化のみによっては説明できない。なぜなら増加は高等教育でさらに著しいからである。一九〇〇年にはカレッジに二五万人弱の学生しかいなかったが、一九四〇年にはその五倍（一五〇万人近く）となっている。大学院生（グラデュエイト）はヨーロッパと比べると割合において少なかったけれども（一九〇〇年に五八〇〇人）、第二次世界大戦の前には一〇万人の大台を超えている。[1] この大衆化にともなって、修了証獲得のための競争も二十世紀前半から始まっている。学科構成の変化もヨーロッパと比べると早くから始まっている。従来からの職業教育はヨーロッパではまだ優勢であったが、アメリカでは技術教育や教員の養成、そして社会科学の隆盛をまえにむしろ劣勢になる。当初のアメリカのシステムにあったエリート主義もまた、一九五〇年代から公立大学が優勢となり、公的資金の教育投資に占

める割合が増えるにしたがって、消えていった。ブルジョワジーに支配されていた教育に、アメリカに移民として渡ってきたばかりの、知的資本をまだもたない中流階級のための教育に、取って代わられるようになる。逆に、本来の意味での大衆階級の学生の割合は、ヨーロッパと比べてさほど多いとは言えず、そのことは、学問的な研究を重視する分野において顕著であった。一九二五年の時点での五五のカレッジと大学において、大衆階級そして小ブルジョワジー出身の学生の割合は六・八パーセントを占めるにすぎない(2)（ドイツとイギリスではそれぞれ四パーセントと五・一パーセント）。社会が多様になればなるほど、それを覆うかのように大学間にヒエラルキーが生じる。最も権威ある大学は、みずからが入学させたくないと判断するマイノリティーを遠ざけるために、特別な規定を設けていた。たとえば、ハーヴァード大学、プリンストン大学、コロンビア大学では、ユダヤ人の学生が一九〇〇年代から増えつつあったが、一九二〇年代から三〇年代にかけて、彼らへの差別的入学割り当て数が設定されている。教師も社会的地位の低さに長く苦しんでいる。彼らの賃金は、大学やみずからの名声、そして専門領域によって大きく異なるけれども、自由職のそれよりもずっと低かった。雇用の保証もなく、社会批判を試みる者は、財界人が牛耳るボーズ・オブ・トラスティーズ（運営評議会）によって容赦なく追放された。

（1）この数字は巻末参考文献【43】六五頁から引用した。
（2）前出参考文献【41】二四頁、図表五。

一九一四年になってようやく、テニュア・システム（助教授としての試用期間後に終身的地位を与える）が導入される。アメリカの学問は少しずつ国際的に認知され、そのことによって教授の社会的威信も高まった。ナチズム、ファシズム、あるいは中欧の権威主義体制から逃れてアメリカにやってきた大学人も、ドイツの教授たちの同業者的精神を持ち込むことによって、アメリカにおける学者の地位の向上に貢献したはずである。

Ⅱ　フランス・システムの未完の改革

1　大学改革（一八六八〜一九〇四年）[1]　——一八六〇年代末以降、ナポレオンによるファキュルテのシステムの欠陥がますます明らかとなり、大学人からも政府の側からも公然と批判されるようになる。当時その絶頂にあったドイツのモデルにならって、ファキュルテの研究の機能を高めることと、中央集権的になりすぎたシステムを地方分権化することが求められたが、この二重の配慮は、一八七一年の普仏戦争の敗北についての深刻な反省とも重なって、改革を加速することになった。

（1）前出参考文献【22】②三二三〜四一九頁、および【44】をおもに参照。

一八六八年に教育大臣ヴィクトール・デュリュイによって創設された高等研究実践学校《エコール・プラティック・デ・オット・ゼチュード》は、そこに設置された四つのセクションによって第一の配慮に応えるものだった。つまり、ファキュルテのおもな教育形態であった大講堂での講義から決別して、専門化されたゼミナールにおいて学問の伝授がなされるようになったのである。第二の目的の実現までには時間がかかった。地方の支援を得ることばかりでなく（これは共和主義者による自由化政策と、地方の大きな大学都市選出の代議士——一般に共和党——の協力によって可能となった）、あらたな教師を採用すること（ポストは一八六五年の四八八から一九一九年の一四一六へと増えた）、さらに予算の拡大が必要だった（大学予算は一八七五年の七六三万四〇〇〇フランから一九一三年の二三二二万八〇〇〇フランに増えている)。この時期に、ネノによる新ソルボンヌの建設(一八八五〜一九〇一年)をはじめとして、ほとんどの大学の校舎が再建されたり拡張されたりしている。かつては法学部や医学部に学生が多かったけれども、文学部や理学部に入って就職を目指す学生も増えてきた(文学部は一八七九年の二三八人から一九一四年の六五八六人へ、理学部も同様に二九三人から七三三〇人へと増えている)。そのために、学士やアグレガシオン〔教授資格〕のための奨学金が創設され、中等教育の教師(文学部)や産業界の幹部職(理学部)への就職口が拡大されている。

最も実現が困難だったのは、一八九六年の大学設置法によってファキュルテを大学にまとめる行政改革だった。大学は法人格を与えられることで、みずから評議員を選び、予算の一部を自由にし、ポストの創設や廃止を行ない、外部からの寄付を受けつけることができるようになる。要するに、大学は自律的に変貌することが可能となった。しかし当初の目的と比べると、この改革はなかば失敗したと言わねばならない。第一に、脱中央集権化が進められたとはいっても、パリの支配に真の意味で手が付けられたわけではなかった。一九一四年には全国の学生の四三パーセントがパリに集中していたけれども、一八七六年にはそれは五五パーセントで、一九三四〜三五年度には五四・九パーセントに上昇さえしている。第二に、最終的に採用された案は、たとえ小都市であってもそこにあるファキュルテから大学を創るというものであったが、そのために真の意味でパリと拮抗できるような、地域の中核となる大学の形成が妨げられた。一九〇〇年以降のいくつかの政策は、たとえば一九〇四年の高等師範学校のパリ大学への統合に見られるように、脱中央集権化とは逆の方向に向かってさえいる。最後に、パリに富が集中していることもあって、パリ大学へのメセナの寄付が、応用分野を除けば、地方とは比べものにならないほど多かったということがある。これらの民間資本によって、パリにはいくつもの新しい講座や研究所が創られた。

地方の教師の不満は、一九〇六年以降に学部ごとの自主団体が結成されると、公然と表明されるようになる。それらの団体は、昇進規定の明確化とパリの教師が享受している財政的特権の縮小を要求した。

逆に改革の功績としては、大学で教える教科の多様化が挙げられる。人文科学（心理学、社会学、民族学）、外国文学、少数言語、そして応用科学が、少しずつ高等教育に含まれるようになる。法学部では、経済学、公共財政学、法学史、国際法などが重要性を増し、他方、医学の専門分野も細分化されて、神経（一八八二年）、泌尿器（一八九〇年）、小児科、あるいは産婦人科学（一九〇一年）の講座が導入される。教員の構成はポストの増設によって若返ったが、ドイツを思わせるようないくつかのカテゴリーが設けられている。専任の教授（ドイツの正教授と同じ）のほかに、講師（シャルジェ・ド・クール）と助教授（プロフェッスール・アジョワン）（いずれも員外教授に匹敵）、そしてメートル・ド・コンフェランスが創設された。この最後のものは、ドイツの私講師にならったものだが、ドイツとは異なって公務員としての地位が保証され、数年後にはほぼ全員が専任となった。これらの改革はとりわけ文学部や理学部のような学術系の学部に大きな影響を与えた。というのも、法学部、医学部、薬学部などでは、批判が強まっていたにもかかわらず、教員採用にさいして教授資格試験《アグレガシオン》の伝統が守られていたからである。教員採用におけるこのような違いは（文学部では候補者のほとんどはすでに中等教育の教員であり、理学部では実験室でキャリアを積むケースもあった）、学部の垣根を越えて連帯する真の意味での大学人の精神の誕生を妨げている。その他の社会的変化、公衆の変化や大学の社会的役割の変化のせいで、フランスの高等教育の内部対立は増幅させられている。[1]

（1）巻末参考文献【45】。

2　社会的多様化と内部対立——ドイツに追いつくことばかりでなく、高等教育の社会層を拡大する

ことでフランスのエリートを作り変えるという民主的な配慮も、改革者たちが掲げた目標の一つであった。それは達成されたであろうか。十九世紀末からは、新しいタイプの学生が大教室に押しかけるようになる。女子学生（一九一〇〜一一年には一〇パーセントであったが、一九三六年になると二七パーセントとなっている）、そしてとりわけ外国からの留学生である（その割合は一八九一年の七パーセントから一九三〇〜三一年の二二パーセントへと増えている）(1)。学生数の増加をみると、高等教育の社会的開放がなされたかのようにみえる。しかし、きわめて不完全なものであるとはいえ、当時の統計をみると慎重にならざるをえない。高等教育への進学者の同年齢層に占める割合は、他のヨーロッパ諸国と同じくきわめて低いままである。一八七五〜七六年には、十九歳から二十二歳までの〇・五パーセント、一九三〇〜三一年でも二・九パーセント。社会的な階層からみると、専攻領域によってかなり差があるものの、ブルジョワジーの学生が支配的である。詳細な統計は一九三〇年代末からしかないが、それ以前の数十年間についても、おそらく同じことが言えるだろう。一九三九年には、学生の四九パーセントは経済界あるいは自由業のブルジョワジー、三九パーセントが中流階級（公務員やサラリーマンの子）、七パーセントが職人、労働者、農民の子息であった(2)（無回答は七パーセント）。文学部と理学部は、大衆的なカテゴリーの学生に最もよく開かれていた（奨学金の数が多く、就職先もとりあえず確保されていた）。しかしそれをいうだけでは不充分である。

（1）巻末参考文献【46】四八〜四九頁。
（2）前出参考文献【44】二五〇頁。

第三共和政の高等教育は、おそらくこれらの数字からうかがえるよりもさらに民主的であるとともに、さらに民主的でなかっただろう。民主的でないというのは、上流階級の子息が多いグランド・ゼコールの学生が数字に含まれていないからである。彼らは、統計には表われない隠れた遺産相続者たちなのである。[1] しかし、社会階層ごとの構成を第二帝政末期と比べてみた場合、フランスの高等教育がいまや実質的に社会の流動を促すものとなっていることが確認できる。かつては中流階級の子息が中等教育を終えることはほとんどなかったし、ましてやバカロレア〔中等教育修了資格試験〕を超えて進学することは稀であったから、進学者全体に占めるその割合はずっと低かったはずである。高等教育の「あらたな階層」へのこのような開放は（といっても、中等教育においてエリート主義が維持されていたから、人民への開放とは言えないが）、家庭の文化的環境や古典的教養が問われることの少ないコースでより顕著であった。たとえば科学の分野（とりわけ地方の応用科学院）、あるいは初等教育高等師範学校（サンクルーとフォントゥネーのエコール・ノルマル・シュペリユール）、工芸技芸学校《エコール・ダール・ゼメチエ》などの大学と並行する高等教育課程である。ところで、これらの学校からも徐々に大学の修士・博士課程に進学できるようになることで、その卒業生のなかには、大学の教授や企業経営者となる者も現われるようになった。[2]

（1）エコール・ポリテクニックについては巻末参考文献【47】を参照。エコール・サントラルとエコール・ド・コメルスは、エコール・ポリテクニックよりもさらにブルジョワ的であり、より限られた社会階層の出身者によって占められていた。
（2）参考文献【48】、【49】三二一頁。

このように、高等教育がその内部において多様化し、いくつもの改革が未完成のまま終わったということは、最後の特徴として挙げられることだが、フランスの大学が当時繰り返された政治的危機に翻弄されたということをまさに示すものである。かつて、一部の学生と教師が独裁体制に対して挑んだ自由のための闘いは、共和国のもとでは、民主主義的な社会において学生と教師が担うべき役割をめぐる、議論や内部抗争に取って代わられている。つまり大学は、ドレフュス事件の激しい政治的嵐のなかで大衆や世論に向かって訴え、人民大学の運動に参加するような、「知識人」の前衛を育む場所となったのである。この伝統はさらに、人民戦線、レジスタンス、アルジェリア戦争のときにも定期的に繰り返されるだろう。他方、一部の保守的な学生と教師にとっては、大学とは逆に、国家の伝統あるいは一種のエリート文化の守護者であるべきだった。たとえば、法学部や医学部に多くみられた反ドレフュス派、新ソルボンヌをめぐる論争（一九一〇～一一年）のときの扇動者や、第一次世界大戦の前後に左翼やユダヤ系の教授の講義を妨害するのをためらわなかったアクシオン・フランセーズのメンバーにとってである。自由主義的な大学は、混乱を故意に引き起こそうとする彼らに対してしばしば無防備であったし、ヴィシー体制は、まさに彼らのプログラムを採用することによって粛清を正当化し、反ユダヤ主義を制度化したのだった[1]。

（1）巻末参考文献【50】、【51】。

政治と高等教育のこのような相互干渉は、この時代のすべての国に見出されるものである。それは、高等教育が国民とエリートの育成にかつてよりも中心的な役割を果たすようになったからでもあるが、しかしこのような政治化が他の国よりもフランスにおいてより過激であったのは、大学改革が不充分なままに終わったからである。この改革の未完成は、行政当局が上からの管理システムを維持しようとしたことに由来している（国によって任命される学区長はつねに学長よりも強かったし、教授資格試験をはじめとする選抜制度は知的な革新を制限していた）。それはまた、一九一四年以降の財政難によって教員の構成が老齢化したことにも起因している。財源不足はポストの創設を制限し、一九三〇年代にはその削減さえもたらした。しかしとりわけ改革にブレーキをかけたのは、グランド・ゼコールによる支配である。グランド・ゼコールは入学試験によって学生を選抜し、技術あるいは行政の分野のエリートを養成していた。

ところで、このタイプの学校《エコール》は、共和主義者たちの改革への熱意にもかかわらず、重要性を失うどころか増えてゆき、その特権の大部分を保持したのである。第一世代のものに加えて、一八七〇年以降には、高等商業学校《オート・ゼチュード・コメルシアル》（ＨＥＣ）（一八八一年）のような商業学校、高等電気学校（一八九四年）、高等航空学校（一九〇九年）のようなエンジニア学校、いくつかの行政学校（植民学校《エコール・コロニアル》、高等郵便学校、グランド・ゼコールの受験準備のための自由政治学院《エコール・リーブル・デ・シアンス・ポリティック》（一八七一年））さらには、専門教育の枠を広げたファキュルテ・カトリックなどが創設されている。これらの学校の生徒は、評判よりも多様な階層の出身であったにもかかわらず、特殊な選抜試験のせいで技術的かつ専門的な知を特権化する傾向があり、ライバル意識ばかりでなく同窓としての連帯の精神に富み、大学の本来の理念に反するエリート主義を共有していた。最後に、大学では大戦間の学生数の増加のために教育条件が悪化したのに対し、それらの学校の生徒は、「普通」の学生よりも格段に恵まれた環境を享受していた。この不平等な競争は、次の時代にエリートの養成についての論争を引き起こすことになるけれども、いまに至っても解決していない問題である。

Ⅲ　イギリスの大学に残るエリート主義と、地方および周縁での革新(1)

一八六〇年から一九四〇年にかけての時期はまた、イギリスの大学システムにとっても決定的であり、中世に誕生してから最も重要な改革を経験している。オックスフォード大学とケンブリッジ大学は、議会の介入によって近代化を迫られ、一八七〇年代になると英国国教会の信徒以外の学生や女子学生にも門戸が開かれるようになった。またそれらのカレッジのフェローに結婚が許されるようにもなった。長い停滞を経たこの二つの大学では、学生数は一八六一年に合わせて二四〇〇人ほどであったが、一九〇一年には五八八一人に増加し、一九三一年にはに一万人を超えている。[2] 教えられる教科の幅も、十九世紀の中頃にはまだ古典的な科目と数学に限られていたが、それ以降になると、自然科学、歴史学、法律学、外国語などが加わった。研究もようやく注目されるようになり、とりわけケンブリッジ大学では、デヴォンシャー卿の寄付によってカヴァンデッシュ研究所が一八七一年に創られ、イギリスを代表する科学者を養成するようになる。

（1）巻末参考文献【52】二二五〜二五〇頁、【53】、【54】。
（2）前出参考文献【41】②四五頁、図表一。

しかし、イギリスにおける最も重要な変化は、オックスブリッジ以外の地方の大都市において、都市化され工業化された社会の幹部となる人材の養成のための市民大学《シヴィック・ユニヴァーシティー》が続々と創られたことである。一八五一年のマンチェスターを嚆矢として、ニューキャッスル（一八七一年）、ウェールズ地方のアベリストウィス（一八七二年）、リーズ（一八七四年）、バーミンガム（一八七四年）、ブリストル（一八七六年）、シェフィールド（一八七九年）、リヴァプール（一八八一年）、ノッチンガム（一八八一年）、カーディフ（一八八三年）、バンゴワ（一八八三年）、レディング（一八九二年）そしてサウサンプトン（一九〇二年）にそれぞれ大学が生まれている。それらの大学は王の勅許によって完全な自治権をのちに獲得することになるが、それまでは、学生はロンドン大学を介して修了証を受け取っていた。また一八三六年に創設されたロンドン大学も、さまざまな専門機関を名目上統括するようになることで大きな成長を果たした。病院付属の複数の医学校、王立鉱山学校、王立科学カレッジ、セントラル・テクニカル・カレッジ（最後の二つは一九〇七年に帝国科学技術カレッジに吸収される）、ロンドン・スクール・オブ・エコノミックス（一八九五年）、女子カレッジなどがそれだが、このばらばらな大学が真の意味での大学としての規約を獲得するのは一八九八年になってからのことである。

中世との断絶を示すもう一つの革新は、自己資産によって運営されていたオックスブリッジ、そして民間あるいは市の基金によって運営されていた地方大学への、国家による財政援助が少しずつ増えたことである。このあらたな方針は一八八九年に確認され、一九〇六年には国庫による援助はすでに一〇万リーヴル、すなわち二五〇万フラン金貨に達したが、それでもドイツやフランスと比べるとずっと少なかった（フランスは一八九〇年代にすでに一五の大学にその四倍の額をつぎ込んでいる）。イギリスの大学が国からの充分な援助なしに存続できたことには、二つの理由を挙げることができる。まずいくつかの大学、とりわけ最も古いオックスブリッジは、莫大な自己資産をもっていた。次に、大陸の国々と比べるとイギリスの学生数は、世紀末の急増にもかかわらずまだ少なかった。イングランドとウェールズを合わせて、二万六四一四人（一九一一年の同年齢人口の一パーセント）、スコットランドは七七七〇人（同年齢人口の二パーセント）となっている。

学生の出身階層に関しては、オックスブリッジはまだきわめてエリート主義的であったものの、新しい大学、とりわけスコットランドの大学はより大陸に近いものとなっている。たとえばグラスゴー大学では、一九一〇年に学生の二四パーセントが手工業労働者の子息、二〇パーセントが小商人、職人、会社員の子息で構成されていた。オックスフォード大学では、これら二つのカテゴリーを合わせても一〇パーセントに満たない。他方、一般労働人口においては、これらの二つのカテゴリーは少なくとも九〇パーセントを占めていたのだった。大学のタイプごとにきわめて異なるこのような社会的開放は、財政的な条件によって説明することができる。スコットランドでは学費は安く、奨学金にもさまざまな種類があり、初等そして中等教育がよく発達していた。逆にイングランドでは、オックスブリッジの学生はあいかわらずその大部分が寮費の高いパブリックスクールの出身者であった。またオックスフォードあるいはケンブリッジで勉強するには年間二〇〇リーヴルほどの学費が必要であったけれども、これはすでにブルジョワ家庭の年収に匹敵した。ところで、一九一〇年にイングランドでは学生の七パーセントしか奨学金を得ていない。それはとりわけ、市町村によって支援されながら技術系の分野で学ぼうとする学生たちであった。

イギリスの高等教育の社会的機能は、この時代に変わりはじめるけれども、教師や公務員をめざす貧しい階層出身の学生のような少数派を除けば、真のメリトクラシー（能力主義）は大戦間以前には定着しなかった。産業界のエリートはあいかわらず、大学での学問よりも実践的あるいは技術的な習得を重視しており、自由職においても、家柄による相続とそのなかでの手ほどきが大学の修了証と同じくらいの意味をもっていた。

大戦間においてもイギリスの大学の風景はさほど変わらなかったが、財政難ゆえのあらたな問題は生じている。一九二〇年代には、男子学生と女子学生を対象にした国の奨学金制度が設けられ、一九三六年には三六〇人がその対象となっている。大学を支援する大学補助金委員会はますます重要な役割を担うようになる。なぜなら、ケンブリッジやオックスフォードでさえ、戦争によるインフレのもとで収入が激減し、国に助けを求めざるをえなくなったからである。しかし国家が支出した二〇〇万リーヴルは、一九三〇年代において大学の収入の三分の一を占めたにすぎない。一九三八〜三九年に初めて学生数が五万人を超えるが、その四分の一は女子学生であった。しかしイギリスの大学システムが、社会的、財政的そして制度的に真の意味で変革されるには、連合王国が他の先進国と比べてその遅れを自覚するようになる第二次世界大戦後を待たねばならない。

Ⅳ　ドイツ・モデルの進化とその使命の危機

ドイツの大学モデルと呼びうるものは、すでに見たようにヨーロッパやアメリカの大学が近代化のためにそれに倣おうとしたときに、逆説的なことながらまさに危機を経験している。この危機は、成長の危機であるともに使命の危機である。

1　成長の危機――学生数は、

一八三〇年から一八六〇年代の半ばまで一万二〇〇〇人から一万三〇〇〇人のあいだで停滞していたが、一九一四年にはその五倍に達している（六万一〇〇〇人）。こうした増加は、フライブルク、エアランゲン、ギーセンのようなドイツ南部および西部にある小さな大学、そして哲学部において顕著であった。哲学部の理系と文系の学生数が初めて法学部のそれを上まわる一方、神学部の学生数は一八三〇年の半分となっている。このことは高等教育の機能の変化ばかりでなく、かつての就職先（聖職者あるいは官吏）の代わりに、近代的な専門職（教授職、研究者、エンジニア、技術者）が増加したことを示している。大学と並行して、二十世紀初めまでに一〇校のテヒニッシェ・ホッホシューレ（工科大学＝ＴＨ）[1]が設置されたが、その学生数の増加の速さは大学を上まわっていた。一八七一～七二年から一九〇三年までに大学の登録者は二倍になるけれども、ＴＨでは五〇〇〇人から一万七〇〇〇人へと三倍も増加している。

（1）ＴＨで最も大きいものは、一七九九年に創設され、一八八二年にいくつかの専門学校を合併して改編されたベルリン・シャルロッテンブルクで、最も新しいものは一九〇四年創立のダンツィヒである。

あらたな学生たちは、「帝国《ライヒ》」の工業的そして都市的な発展によって豊かになったブルジョワジーと中流階級からやってきた。じっさい高等教育を受けることは、より流動的になったとはいえ貴族的なエートスがなおも支配的な社会のなかにあって、まだ認知されていないグループが貴族的な職業に進出するための足がかりとなったばかりでなく、あらたな文化的地位を築く手段のように映ったのである。このようにして大学のなかに生じた社会的多様性は、学生の集団生活にも影響を与えている。最も富裕な学生たちのグループは、親睦を深める組合《コルプス》を保持しつつ決闘や酒宴を行なったが、中流および下流階級出身の学生や、ユダヤ人のように宗教的な理由で嫌われた学生はそこから排除されていた。逆に、このような貴族まがいの中世風儀式を拒む学生たちは、自分たちのために「自由学生団《フライストゥーデントシャフト》」(1)を立ち上げ、大学の権力者や政治家の復古趣味におもねりながら存続するそうした貴族的組合に対抗した。

(1) 巻末参考文献【55】。

大学の拡大と学生の多様化は、「学生プロレタリア」（ビスマルク）が生まれることへの保守主義者たちの不安を煽ることになった。（フランスと違って）入学時の選抜がなく、自由職の市場も開放されるようになったことで、法学部、医学部、文理学部の学生数が増え、ある時点でおそらく需要を上まわるほどになるのである。しかし同時代人の懸念にもかかわらず、ドイツの大学システムはその柔軟性によって、所属学部の変更、在学期間の長期化、大学間の移動などが可能であったため、大卒人口の過剰は表面に現われなかった。諸邦の政府は十九世紀初頭と同じように大学に学生数の制限を押し付けようとしたが、大学の責任者たちは、受け入れるふりをしながらじっさいには何もしなかった。というのも、学生が増えて登録料収入が伸びることは、彼らにとって決して悪いことではなかったからである(1)。

（1）前出参考文献【30】三八九〜四二二頁。

2　使命の危機――フンボルトの大学の理想は、上級ブルジョワジーあるいは貴族階級の卓越した人間を養成しようとするものだった。しかし、学問よりも就職のために大学に来る若者（二十世紀初頭からはそこに女子も加わる）が多くなり、しかもその一部が古典的ではない中等教育、したがって人文主義的な理想を踏まえない教育しか受けていないということになると、大学における教育は、実践、実用主義、そして専門化の方向に向かわざるをえなくなる。諸邦はドイツ統一ののちも大学を管理していたけれども、そのような傾向を少しずつ受け入れて、工業社会のあらたな需要に応える大学や学科を求めるようになる。学問分野に関しても、諸政府は経済と結びついた研究を奨励し、外国からの留学生を積極的に受け入れて、ドイツの影響を世界に広げようとした。しかし、大学がこのようなあらたな役割を担うことは、かつてのドイツの大学の理想を疑問に付すこと以外のなにものでもなかった。

この危機は、大学の理想を体現し、維持するとみなされていた教授たちをも直撃している。大学教員の構成と出身階層、そして彼らのイデオロギーの変化がそれを示している。まず、非常勤教員が急激に増えている。非常勤教員は理系や医学系で過半数を占めるようになったにもかかわらず、所属する学部の教授会から排除されていた。正教授と員外教授あるいは私講師《プリヴァート・ドツェンテン》の数のこのような不均衡は、昇進を遅らせるばかりでなく、それをより困難にすることで、彼らのなかに不満を醸成することになった。一九一四年の第一次世界大戦の前には、こうして「ニヒト・オルディナリアン」（非常勤教員）の運動が起こるのである。その数の増加は、教員をより安くあるいはほとんど無償で雇うことによって財政負担を軽減しようとする、政府の思惑だけによって説明されるものではない。教授職が魅力を増してますます多くの志望者を惹きつけるようになったことや、専門領域が細分化して若い非常勤に新しい分野が委ねられるようになったことも関係している。それは変革をうながすと同時に、知的なフラストレーションを生み出すものでもあった。というのも、非常勤教員のすべてが正教授になれるわけではなかったからである。そしてこのフラストレーションは、地位の隔たりが収入格差となって現われるがゆえにますます大きくなった。大学の教授になろうとする者はしたがって、昇進を待つために個人的な資産に恵まれていなければならなくなり、そのことが、学生がさまざまな社会階層に開かれようとしていたときに、むしろ教授たちの社会的閉鎖性を強める一因となったのである。彼らは概してドイツ帝国に忠実であり、第一次世界大戦の前にはしばしば国家主義あるいは汎ゲルマン主義の諸同盟を主宰した。また世界大戦に際しては、プロイセンの軍国主義を支持する教授たちが一九一四年に発した「九三人の呼びかけ」に、大半の大学人が署名しているほどである。一九一八年の敗戦後もドイツのエリート知識階級《マンダラン》は、一部の少数派を除いて民主主義に消極的であるばかりか、敵対的ですらあった[(1)]。じっさい批判的な教師は職歴において不遇を強いられ、ベルリン大学の私講師であった物理学者アロンスのように、社会民主党に入党したために大学から追放された者もいる。

(1) 巻末参考文献【56】、【57】二五一〜二八〇頁。

大学の自律性は、教員の任命への国家の介入ばかりでなく、大学が財政的に国家に依存せざるをえなくなることによって、ますます脅かされるようになる。理科系や医学系では研究や実験のために、人文系においても研究調査や図書館の充実のために、多額の費用がかかるようになった（しかしこれはヨーロッパの全体に拡がる現象でもある）。ベルリン大学においては、一八六〇年の予算の内訳で最も多いのは人件費であった。一八七〇年以降になると、費用が最もかかるのはゼミナールと研究所である。そしてそれらの支出は人件費に比べて急速に増大し、一九一〇年には、建築費を別にしても、予算全体の半分がゼミナールと研究所に充てられるほどになる。

プロイセンの大学全体において、一八八二年から一九〇七年までのあいだに、九の法学ゼミナール、四の神学ゼミナール、八六の医学のための診療所や研究所、理系と文系のための七七のゼミナールと研究所が創設された(1)。大学予算の総額は、一八八二年には九六〇万マルクであったが、一九〇七年には二六〇〇万マルクとなっている。テヒニッシェ・ホッホシューレ（TH）は、一九〇〇年に大学の反対にもかかわらず博士号の授与権を獲得していたが、そのTHのための予算を合わせると三六〇〇万マルクとなっている。

(1) 前出参考文献【29】二八〇〜二八一頁。

フンボルト的な教授の理想としての「自由と孤独」は、集団で仕事をする研究所や産業界と連携する大学においては、もはやほとんど意味をもたない。ベルリン帝国理工学研究所の創設（一八八七年）、また、大学から独立したいくつもの研究所のなかに官僚、財界人、研究者らを集めるカイザー＝ウィルヘルム協会の創設（一九一一年）は、研究と教育の分業というあらたな段階が始まったことを示している。大学における教育と研究の機能もしたがって、いまや予想外の分野にまで拡がった。すなわち、公衆衛生、社会の進化に関する考察（新歴史学派による「講壇の社会主義」、マックス・ウェーバー、ゲオルグ・ジンメルあるいはヴェルナー・ゾンバルトによる社会学の誕生）、科学の技術的応用による経済発展などである。カイザー＝ウィルヘルム協会の初代会長となった神学者のハルナックは、巨大企業《グロースベトリーブ》としての大学という言葉さえ使っている。

3　大戦間の危機——大戦間の時代は、これらすべての問題を危機的なレヴェルにまで深刻化させることになった。学生数はきわめて激しい変動を繰り返している。動員で失われた年月を取り返すかのように、それはまず、戦後に力強い増加を示した。一九二五年頃には通常に回帰するが、好況の年月ののちにふたたび上昇し、一九三一年の夏には一三万八〇〇〇人のピークに達する。だがその後、経済危機とナチズムの年月のあいだに学生数は落ち込み、一九三九年には六万二〇〇〇人にまで減少する。そこには、親の世代の第一次大戦での人口減ばかりでなく、ユダヤ人への組織的迫害の影響も現われている。この振幅の激しさは、政治や経済の状況ばかりでなく、女子大学生の急増（一九一四年以前は三パーセントから六パーセントであったが、一九三一年には二〇パーセントとなっている）、そして高卒では就職に不安があるために大学に進学してきた、かつてとはタイプの異なる学生の増加に由来している。そうしたなか、大学修了者の過剰と文化の価値下落を結びつけて批判するような言説が、とりわけ教師、そして右翼的学生サークル（多数派）のなかでふたたび横行する。ワイマール共和国の政府は、大学を社会的そして政治的に民主化するために努力したにもかかわらず、教師と学生の多数派の支持を得ることに失敗する。教師は、かつてドイツ帝国のもとで絶頂にあった時代へのノスタルジーに囚われ、学生も、第一次世界大戦に従軍した者のなかには極右活動家が作る義勇軍に入る者もいた。さらに一九二〇年代末になると、学生は大学のなかに根を張ったナチスの組織によって他のいかなる社会的グループよりも早く征服されてしまうのである。

ナチスはだから、他のどこよりも容易く大学を手なずけたのである。ナチスの組合あるいは組織に入った学生たちは、それを利用してみずからの欲求不満を表明し、自分たちが望しくないと判断する者（左翼学生あるいはユダヤ人）を大学から追いだそうとした。そうすることによって彼らは、危機にある社会に、より容易に適応できると考えたのである。保守あるいは反動の教師たちは、国家主義と新体制の秩序に迎合し、ほとんどなんの抵抗もせずに、学問の自由の侵害（権力による学長の指名、大学自治の終焉、ユダヤ人あるいは左翼の同僚の粛清）を受け入れている。一九三八年までに教員の三分の一が追放されたが、そのなかには一線で活躍していた学者（過去および未来にノーベル賞を受賞する二〇名）も含まれていた。[1] この損失は、ドイツの学問がそこから立ち直るのに長い時間を要したばかりでなく、多くの専攻分野（とりわけ医学や民族学）に見られた体制への無批判的追従のせいで、長期的にみるとドイツの大学モデルそのものを根底から揺るがすことにつながった。

（1）巻末参考文献【58】二二六頁。合わせると一六一五名の教員と研究者が追放されている。

V　中央および東ヨーロッパ

1　オーストリア＝ハンガリー帝国

——一九一八年以前の中欧は、オーストリア＝ハンガリー帝国と形成途上のバルカン半島諸国を合わせた地域にほぼ匹敵するけれども、そこには、いまだに大学に近代的な改革が及ばない国々と、大学が先に述べたドイツ・モデルの影響のもとで変容しつつある地域が混在している。ここではしたがって大学は二つの宇宙にまたがっている。まずそれは、近代的であるとともにいくつかの点でドイツに近く、帝国の西部さらにブダペストあたりまでは、ドイツ語圏の教師や学生が入り込んでいる。同時にそれは、とりわけ農業国において特徴的なことだが、開発の遅れによって古風なままに取り残されており、十九世紀前半の西欧のように、卒業生たちも科学者や学者になるよりはむしろ、官僚、法曹、聖職者、あるいは医者となるのだった。技術教育のための高等専門学校が大きな割合を占めていたことからもわかるように、十八世紀の啓蒙専制主義の影響も明らかである。そして中欧の大学空間の最後の特徴としては、そこに暮らす人びとのさまざまな民族的・宗教的出自からくる対立が挙げられる。こうして、東にいけばいくほど、西へと向けて（ウィーン、ドイツ、スイスへ、さらにはパリへと）逃れる学生の数が増えてくる。

これらの特殊性や古風さにもかかわらず、ウィーン大学のように大きないくつかの大学は、国際的なレヴェルの知の中心となっている。ドイツの大学人のなかには、自国の有名大学のポストに就くまえにオーストリアの大学の「招聘」を受ける者もいた。

オーストリア＝ハンガリー帝国の大学は、徐々に地方の言語で教える権利を獲得している。ブダペスト大学、ついで一八七二年創立のコロジュヴァール大学――いまのルーマニアのクルージ大学――、トランスライタニア（ライタ川以東地方）のデブレツェン大学とポジョニ大学（一九一二年）、ポーランド地方のリヴォフ大学とクフ大学、プラハ・チェコ大学、クロアチア地方に一八七五年に創立されるザグレブ大学などである。それらはすぐに国民主義的運動の中心となる。

宗教的な緊張は、社会的そして民族的な葛藤を引き起こし、ときとしてドイツ系の学生のなかに、反ユダヤ的人種差別主義を生じさせることもあった。

ユダヤ人マイノリティーは、法律的な拘束から解放され、帝国の経済発展を充分に利用することで、人口の少なさにもかかわらず高等教育の発展に大きく貢献している。たとえば、一九〇〇年においてウィーンのテヒニッシェ・ホッホシューレの学生の一七・八パーセント、ウィーン大学の一六・七パーセントがユダヤ人であったが、人口全体に占めるユダヤ人の割合は四・七パーセントにすぎなかったのである。[1] 一九〇〇年まで、ウィーンのユダヤ系学生の多くはじっさい帝国東部地方の出身者であった。一九一〇年には、ハンガリー政府がハンガリー以外の大学に留学するのを制限する措置を取ったため、ウィーンにいるオーストリア出身ではないユダヤ人の数は大幅に減ることになった。ユダヤ系の学生は医学と法学を学ぶことが多かったが、それは教員あるいは研究者への道が、彼らに対してほとんど開かれていなかったからである。彼らはおもに小規模経営者あるいはホワイトカラーの家庭の出身であり、そのような家庭において高等教育は、社会的地位の上昇と出世のための手段とみなされていた。チェコ人マイノリティーもまた高等教育において比較的に数が多かった。彼らにとって高等教育は、ゲルマン系エリートの支配のもとで国民的なアイデンティティーを確立するための手段でもあった。

(1) 巻末参考文献【59】①一四一～一四九頁。

2　ハンガリーの特殊性――ハンガリーの大学はいくつかの特殊性を示しているが、なかでも法学の重視が挙げられる。

支配階層が子息の教育のために法学を重視したせいで、「法学者たちの国家」と言われたほどである。[1] 一八六七年のオーストリア＝ハンガリー帝国の成立以降、マジャール人による官僚体制が確立され、自由主義経済のなかで法曹の仕事の重要性が認められたことも関係している。ハンガリーの中小貴族は、土地収入が減少するなかで、官僚機構のなかにポストを占めるために法学の教育を利用したのだった。十九世紀末には、彼らはとりわけユダヤ系平民との競争を強いられるようになる。ユダヤ人は必要以上に大きくなった法学部のネットワークを利用し、さほど厳格ではない勉学のあいまに課外活動などによって培った、豊かな人脈を生かすことができたからである。最後に、法律文化を習得することは、ドイツ人とスラブ人にとっても、多数派のマジャール人に同化することを容易にした。大戦間においては、ハンガリーの大学が人種の融和のために果たしていたメルティング・ポットとしての役割は、マイノリティーに対して不利に働くようになる。国土の多くが失われ、いまや外国となってしまった地域から移転してくる大学や戻ってくるエリートを受け入れざるをえず、そのために大学卒業者と官僚が過剰になってしまったこの国は、まさに危機のなかにあったのである。支配階層はユダヤ人の入学を制限する法律でそれに対応したため、ハンガリーの多くのユダヤ人は、勉学あるいは就職のために、一時的あるいは恒久的に追放されるはめになった。[2] 入学制限は、高等教育への進学が戦争とともに増えていった女子学生に対しても向けられている。こうしたなか、理系と技術系そして医学が大学のなかで優勢になり、それとともに学生数が大幅に減少するという変化が生じている。学生数は一万七五九九人（一九一八〜一九年）から一万二二六人（一九三七〜三八年）へと減少するが、外国に留学する学生は逆に増えている。

（1）前出参考文献【33】一〇六〜一二四頁、【59】②二〇九〜二四六頁。
（2）巻末参考文献【60】六七〜九六頁。

VI 静かな成長——スイスの場合

この時代にスイスの大学は、独創的な革新を成し遂げている。スイスの大学教育には三つの独創性がある。第一に、大学はそれぞれの州《カントン》に属しており、州が教育においては独立した権限をもっていたため、国としては一つのシステムを形成してはいなかった。第二に、言語による分断のために、ドイツ語地域とフランス語地域はそれぞれドイツとフランスのほうを向いていた。最後に、人口に比して大学の数が不釣り合いなほど多かった。一九〇〇年には、三〇〇万の人口のために七つの大学があった。ロマンド地方〔フランス語圏〕では、人口が一五〇万人にすぎないのに四つの大学があり、全体で八〇〇〇人を超える学生がいた。宗教改革のときに誕生したアカデミーを〔研究機能をもつ〕大学へと作り変えるための費用を、外国からの学生の受け入れ、また他の国ではまだ排除されていた女子学生の受け入れでカヴァーしたことは、この国独特の解決法となった。女子学生は一九一四年頃にはスイスの学生全体の五分の一を占めている。これはフランスの割合の二倍である。ジュネーヴでは外国人の割合がとりわけ高かった。一八八〇年には全学生数の四四パーセント、一九一〇年には八〇パーセント、一九四〇年には二六パーセントである。スイス全体にとっても割合は同様である。一九〇〇年には四七パーセント、一九一〇年には五三パーセントであるが、大戦間は国境封鎖と東ヨーロッパの国々における大学の新設のために二五パーセントに下がっている。[1] これらの特徴によって、スイスの小さな大学は、ドイツ・モデルの影響のもとにあったにもかかわらず、近隣の国々よりもめざましい知的な革新の場となった。たとえばジュネーヴでは、ヨーロッパの他の大学よりもずっと早く、一九一五年には経済社会科学部が創設され、国際的な学者たちを集めた多くの研究所が設けられている。

（1） 巻末参考文献【61】一六四～一六五頁。

またこの時期に、当地の古い家柄の出身者で占められていた教授の集団も、ようやくアカデミックな交流に開かれたものとなり、自由のない国から逃れてきたアウトサイダーを受け入れるようになった。かくして一九一八年には、ロシア出身のリナ・ステルヌが女性として初めてジュネーヴ大学の生理化学講座教授となっている。

VII 南ヨーロッパ、そしてロシアにおける大学改革の困難

1 イタリア[1]――この時期におけるイタリアの大学システムの変容は、国民主義的な国家の建設と重なっている。大学改革がイタリアでとりわけ困難であったのは、中世と近代からの遺産がこの国ではきわめて大きく、またイタリア社会のなかで特殊な役割を果たしていた教会が、近代化そのものを教会の特権への批判とみなしていたからである。一八五九年のカザーティ法は、フランスのモデルにならって高等教育システムの中央集権化を試みている。それは教会権力を高等教育から追い出したが、かつての時代から受け継がれた地方の小さな大学をつぶすことはできなかった。

（1）巻末参考文献【62】、【63】。

統一された十九世紀末のイタリアには、いくつかの学部をそなえた完全あるいは不完全な大学が一七あったが、フランス（一五大学）あるいはドイツ（二〇大学）と比べると、少ない人口や半分以下の面積に対して多すぎるようにみえる。くわえて、これらの大学はイタリアに不均等に散らばっていた。エミリア＝ロマーニャおよびトスカーナ地方に五つ、サルデーニャ地方に二つ、シチリア地方に三つ、ロンバルディア地方と南部地方にそれぞれ一つ、という具合である。一八九〇年代には、学生数が五〇〇人以下の大学が八も存在していた一方で、一九〇〇年代のナポリ大学には四〇〇〇人以上の学生がいた。

大学の全国システムを合理化しようとする複数の計画があったにもかかわらず、議員たちは、その多くが大学の教師を兼ねていたこともあって、地方の利権の壁を越えようとはしなかった。反教権的な改革のなかで取り上げるに値する唯一のものは、一八七三年の神学部の廃止くらいである。

十九世紀末にはドイツの学問の影響にもかかわらず、イタリアの大学システムは昔からの欠陥が改善されなかった。つまり法学の支配、小規模な大学の自律性の欠如、古色蒼然とした教育形態である。カリキュラムの古風さは、深刻な知的失業の実態と、公職のための教育が優先されるあまり経済と結びついた近代的な教育が犠牲にされていることを説明している。

しかしながら近代的な教育は、一九〇〇年代にしばしば民間のイニシアティヴによって成長を遂げる。公立の商業学校がジェノヴァ(一八七四年)、バリ(一八八六年)、ローマ(一九〇六年)に誕生し、私立のルイジ・ボッコーニ大学がミラノに創設され(一九〇二年)、工業学校がミラノ、ナポリ(一九〇四年)、トリノ(一九〇六年)に創られ、新しいイタリアの産業を担う企業家や幹部を養成するべく発展した。シエナ、フェラーラ、ペルージャのような小さな大学は、地方銀行の融資によって存続している。教員の給与はかなり低かったため、とりわけ政界へのステップでもあった法学部などには、副業に走る者も多かった。フランスの大学モデルは、ドイツ・モデルと競争しながらその影響力をつねに保っている。というのも、教授になるには教授資格試験があり、高等教育は大学の自治をあまり許さない公共教育高等評議会のもとにあったからである。かくしてイタリアは、第一次世界大戦の前夜には矛盾に満ちた国となっていた。初等教育の生徒数に比した高等教育の学生の割合はヨーロッパのどの先進国よりも高く、南部地方では、大学修了者たちの大量失業が生じていた。

機能不全のいくつかが改善されるためには、ジェンティーレとその後継者たちによる、ファシズムの専制的改革を待たねばならない。第一次世界大戦後の危機のなかで、たしかに状況はのっぴきならないほどになっていた。インフレで困窮した教師は講義をさぼってまで副収入を探し、二倍に増えていた学生も、勉学を営利目的に考え、生活のために働かねばならないので欠席率がきわめて高かった。ジェンティーレの改革（一九二三年）は、フンボルトの原理を専制的手法で導入しようとしたものである。したがって、一見するとリベラルなその理想主義は、大学を徐々にファシスト化するものでしかなかった。国家は大学を三つのグループに分けて、最も弱い大学から補助金を少しずつ減らしていった。中等教育は節約のために犠牲にされ、その教員となる条件がますます苛酷になったせいで、教育に情熱をもつ者も意欲を挫かれてしまった。学生数は、一九一九年の五万人から一九二九年の四万人に減少する。学生はファシストの組織によってきびしく管理されていた。反体制の教授たちは沈黙するか、あるいは体制末期に反ユダヤ政策の標的となった物理学者フェルミのように、逃亡するしかなかった。[1]

（1）巻末参考文献【64】六五頁など。

2　スペイン——他の地中海沿岸諸国の例にもれず、十九世紀後半のスペインの高等教育も、ヨーロッパ北部の先進諸国と比べて深刻な遅れのなかにいた。改革は、一八九八年のアメリカ合衆国への敗北のショックによって始まった。一九〇〇年頃までは、さらに深刻なことに、スペインの大学はナポレオン的なモデルの悪しき影響のもとにいた。つまり、極端な中央集権化、選抜によって生気をぬかれた学生、官僚的な運営システム、受動的かつ官僚化した教師である。中世以来の古い大学が多く廃止されたのちでも、一〇の大学が維持されていたが、それらは、十九世紀末の改革前のフランスのように、学区長と当局に任命された学部長《ドワイヤン》たちによって運営されていた。学生の大半を集めていたのは法学部である。マ

ドリッド中央大学がただ一つ博士号を授与できる大学として全国の大学を支配し、その教授たちの収入もよかった。伝統的なままにとどまった大学（ファキュルテ）のカリキュラムを補っていたのは、いくつかの高等技術学校である。

一九〇〇年における一万七〇〇〇人の学生のうち、じっさいに授業を受けていたのは八〇〇〇人であり、毎年二〇〇〇人が学士号を、一六六人が博士号を取っている。同時期の四六六人の教授のうち、五分の一以上（九九名）がマドリッド大学の教員であった。職業専門教育に支配されていたゆえに、スペインの大学はゆっくりとしか、学問的あるいは現代的な専門分野を受け入れなかった。三分の二の教授たちは大学からの給与では足りなかったため（五〇〇〇ペセタ以下）、みずからの将来のために副業をみつけるか、あるいはマドリッド大学に移動することを試みるしかなかった。

改革運動は、スペインでも最も小さなオヴィエド大学の、しかも若い大学人の小グループから始まった。一九〇〇年以降に新しい公共教育省によってなされた改革は、彼らの試みからインスピレーションを受けたものであり、文学部と理学部に新たな専門分野を設け、法学部に社会科学を導入し、奨学金を創設することになった。しかし慢性的な資金不足のせいで、改革は限定されたものでしかなかった。カリキュラムを近代化すること、さらに高等教育を大衆へとあらたに開放するために見出された解決法は、イギリスに学んだエクステンションのシステムであり、それが公開講座という形で一八九三年にサラゴサ大学で始まると、スペインの他の大学にも広まった。そこには大学の教員ばかりでなく外部の協力者も動員された。講義は大学都市の外においてもなされている。(1)

(1) 巻末参考文献【65】一一三～一三一頁。

一九一七年以降になると、スペインの大学の学生数は大幅に増加し、学生ばかりでなく教師も政治化して、保守派と改革派に分かれて争うようになる。この時代のスペインを特徴づけている政治的な断絶に、大学もしたがって深く影響されたのである。プリモ・デ・リベラの独裁政治のもとであらたな自治が大学に与えられ、法人格をもつようになった大学は、体制のイデオロギーにもとづいて一種の組合組織とみなされた。しかしそのようにしてカトリック系の大学にも恩恵が与えられたことで、大学人のあいだに激しい対立が生じ、それに対して当局は、マドリッド大学の閉鎖で応えたのであった。一九三一年からの第二共和政は、とりわけカタルーニャのような地方において、真の大学自治の発現を可能にした。そこでは何年間か高等教育がカタロニア語によって行なわれていた。FUE（スペイン大学連盟）という主要な学生組織は、大学エクステンションの計画に協力しながら、人民教育のためのプログラムを発展させ、文盲撲滅の闘いを実践している。

（1）巻末参考文献【66】①六四二〜六五一頁、②四一六〜四二六頁、③四四四〜四五三頁、④二四九〜二六一頁。

フランコ将軍が権力の座につくと、大学教員はきびしい浄化政策にさらされ、共和政に加担していた者は追放された。一九四三年の法律は、ファランヘ党員とカトリックの伝統的大学の擁護者たちのあいだに妥協をもたらした。新しい大学は、カトリックの精神とドグマ、スペイン精神、権威、階層的秩序を高揚すべきものとされた。この氷河期のあいだ、スペインの大学はかつてのあらゆる改革に背を向けており、そこから抜け出すには一九六〇年代まで待たねばならなかった。

3　ロシア[1]――この時期のロシアの高等教育には矛盾した諸傾向が見られる。一方で、国家は開明的な専制君主制のロシアにふさわしく、高等教育を国の近代化と西欧化のために利用しようとした。他方で、革命の動きがあるごとに反動的になっていった体制は、大学を反逆的観念の巣窟あるいは社会秩序

への脅威とみなして、それを押さえつけようとした。学生数は、きわめて低い水準から出発したゆえに急激に増えている。

(1) 前出参考文献【55】①二四七～二四八頁、【67】おもに三九、六四頁。

学生はモスクワとサンクトペテルブルグに集中していたが、一八六〇年には九大学に五〇〇〇人、その五〇年後には三万七〇〇〇人となっている。学生数の増加は、一八八一年にアレクサンドル二世が暗殺され、その後に制限政策（ユダヤ人と下層階層の入学者制限）が取られたのちも続いているが、それは、官僚職が社会階層の頂点を占めていたロシアにおいて、高等教育を受けることが名誉あることとされていたからである。官僚への登竜門としての法学部のほかには、医学部が同じように若者を惹きつけていた。この国では衛生の分野において大きな需要があったし、学問は貧困と無知を乗り越えるための特権的な手段と思われていたのである。中流そして下流の社会階層においてこのように新たな社会的希求が生まれていたために、大学ばかりでなく技術学校のような教育機関においても、貴族出身の学生の割合は減少している。その割合は一八六五年から一九一四年にかけて、大学においては六七パーセントから三五パーセントに、そして技術学校においては五五パーセントから二五パーセントに減っている。それと並行して、小ブルジョワジー、中流階級、あるいはユダヤ系の若者が高等教育への進学を試みるようになった。公的な政治がそれを妨げようとすると、彼らは大挙して留学し、外国で修了証書を獲得しようとする。パリ、ベルリン、そしてスイスの大学には、かなりの規模のロシア人留学生のコロニーが成立しているから、その人数を帝国の公式的な学生人口に加える必要があるだろう。同様に、この期間において女子学生もまた高等教育に進出している。公的政策が消極的であるときには、民間のイニシアティヴあるいは外国への留学がそれを埋めあわせている。二十世紀初めにはほとんどゼロに近かった女子学生の数も、第一次世界大戦前の一〇年間にようやく少しずつ障壁が取り除かれるようになり、一九一四～一五年には高等教育の全学生の三〇パーセントを占めるに至る。

政府は学生を取り締まり、その下層のグループを技術学校のほうへと導こうと試みたが、彼らの政治活動はやまなかった（一八六九、一八七四、一八七九、一八八七、一八九〇年の学生運動）。これらの運動は、学生のグループ活動を認めることを政府が拒否し、また定期的に専制的な規制が強化されたことに起因するものだが、一八九九年のストには二万五〇〇〇人の学生が参加し、多くの者が逮捕され、退学処分や国外追放に処せられている。学生運動が絶頂に達した一九〇五年の革命のときには、大学は動員の中心になり、それが十月のゼネストへとつながった。抑圧は一九〇五～六年の全大学の封鎖をもたらしている。トルストイの葬儀のあとにはふたたび騒乱が起こり、警察が介入したモスクワ大学では一九一〇年に約一〇〇名の教師が辞職している。じっさい逆説的なことに、ロシアの大学人はその多くが特権階層の出身であったにもかかわらず（一九〇四年には三九パーセントの教師が貴族階級の出身であった）、全体として自由主義と改革を志向しており、なかには政治に積極的に関わったために昇進できない者や、亡命を余儀なくされる者（たとえば、パストゥール研究所に移ったメチニコフ）、あるいは不当に冷遇される者（有名な生理学者パブロフ）がいた。

一九一七年の革命以降は、学生の多様化と大学の構造的変化がきわだっている。ボルシェビキによって決定された大学入学の全面的開放によって、一九二二年には学生数は二一万六〇〇〇人にまで拡大した（一九一四年には一二万七〇〇〇人）。彼らを受け入れたのは新設された一〇大学と、いわゆるロシアの外の地域に開設された一〇〇以上の新たな技術学校である。学生数の上昇カーブは、さまざまな困難をして人民階級を優遇する割当て政策のために、一九二〇年代のあいだにふたたび下降している。長期計画もまた高等教育に適用されて、技術研究や応用研究が重視される一方、役に立たない学問や自律的な研究を行なっている学部は犠牲にされた。ソヴィエトの新しいインテリゲンチアは、かつてのツァーの時代のインテリゲンチアと違って、上から決められた基準によって人民的な出自をむしろ誇れるようになったにしても、基本的には技術者であり、政治的には従属していた。ソヴィエトとなったロシアは、体制幹部の出自をひっくり返しながらも、同年齢層の四・三パーセントを高等教育へと進学させることで、一九三九年には西欧の国々の水準に追いつくことになる。[1]

(1) 前出参考文献【55】② 一〇七頁。

VIII ヨーロッパの外におけるシステムの西欧化

1 日本――日本は開国(一八六八年)して明治時代になるとすぐ、当時支配的であった国々の大学モデルに学ぼうとしている。すでに一八七二年八月には、全国の八つの学区に一つずつ大学を設置することを法律で定めている。しかし最初の大学は、一八七七年九月に東京開成学校と医学校を合わせて創られた東京大学である。それは法学部、文学部、理学部、医学部を含んでいた。この大学は一八八六年三月の勅令によって帝国大学となる。その十一年後に京都に二つ目の帝国大学が創られ、さらに東北、九州、北海道にも設置されるようになる。長く鎖国していた日本では、近代的な教育を行なうために外国人教師の力を借りねばならなかった。これらの教師は外国語で教えたため、学生はその準備教育を三年にわたって受けねばならなかった。一八七七年には、七七人の外国人教師のための給料として教育予算の三分の一が費やされている。

私立大学の創設は、帝国大学の整備のために財源が不足するなかで見出された解決法であった。当初それらは専門学校にすぎなかったが、一九一八年十二月の勅令によって私立大学として認可された。このようにして、多くの私立大学と官立大学（帝国大学ではない）が一九二〇年代に設立されている。一九四五年の日本には、四九の高等教育機関（七つの帝国大学、一四の官立学校および大学、二八の私立大学）と、きわめて多くのあらゆるタイプの専門学校ができていた。こうして、国家がドイツ・モデルにならって創りあげた大学システムは私立セクターと少しずつ競い合うようになり、日本の高等教育がアメリカの占領軍によって再編されるときには（一九四八年）、民間セクターが過半数を占めるようになっている。

高等教育への進学率は、したがって二十世紀前半に急激に伸びている。一九〇五年に〇・九パーセントであったそれは（先進西洋諸国の三分の二）、一九一五年には一九・九パーセント、一九二五年には三二・三パーセントとなっている。しかし帝国大学をはじめとする国家のセクターはきわめてエリート主義的であり、進学を希望する学生は多かったが、入学試験で厳しく選抜したため、ほんのわずかな割合、すなわち学生全体の二・五パーセントを受け入れていたにすぎない。

一九三〇年以降の軍国化の傾向は、大学にとって否定的な効果をもたらした。自由主義の風土は失われ、左翼の学生や教師は非国民として組織的な迫害にさらされることになった。複数の特殊な組織が若者の教化を担っていた。日本では、他の国において確認されることとは逆に、専制体制のもとでも学生数の増大は続いているけれども、それは、必要とする幹部人材、エンジニア、技術者などを自律的に供給するためだった。かくして、一九三五年には一万人の人口に対する学生の割合はヨーロッパよりも高くなっている。将来の大国日本の礎は、このようにアメリカ・モデルによる大衆高等教育への早熟な参入によって、すでにこの時期に形成されていたのである。

2 他のケース——日本と同じように、しかしそれから少し遅れながら、「新興」の国々あるいは西欧に支配された国々のほとんどが、この時期に支配的な大学モデルの模倣を始めている。それらの大学の建設は、近代化ばかりでなく、国家として確立されるプロセス、独立のための闘いの前奏曲でもあった。たとえば中国では、一八九八年にヨーロッパ・モデルに倣って北京帝国大学が創られたことから、その運動が始まっている。一九一〇年から二〇年代にかけて、中国の全土にこのタイプの大学がいくつも創られた。それらの大学はまた反＝西欧の独立運動の揺りかごともなっている。他の国々では世界に向けての開放はさらに少しだけ遅れている。たとえばエジプトでは、日本のように当初はヨーロッパから教師を呼び寄せている。ラテン・アメリカにおいては、植民地時代の遺産である大学の構造が疑問に付されるまでには長い時間がかかった。改革の運動は、一九一八年にアルゼンチンのコルドバ大学の学生の反抗から始まっている。それはペルー、チリ、ウルグァイ、コロンビア、メキシコ、キューバへと、近隣の国々に次々に拡がっていった。少しずつ、大学の自治は拡大し、学生も大学の問題に発言できるようになり、教師の選抜もより厳格になされるようになった。一九三〇年代のブラジルのように、近代化はしばしば専制的なやり方でなされている。リオとサンパウロに大学が創設されたとき、最初の教師はヨーロッパとりわけフランスから来ている。ラテン・アメリカにおいては、高等教育は二十世紀を通して、改革主義者、国民主義者、あるいは革命思想家の政治活動と密接に関わっている（ペルーの人民大学運動、メキシコの労働者大学（一九三二年）、キューバの国民主義ついでマルクス主義の運動、一九六〇年代から八〇年代

にかけてのアンデスあるいは中央アメリカの国々のゲリラ活動まで、運動の幹部と実動部隊の一部はおもに大学において育まれている(1)。

（1） 巻末参考文献【68】。

結論——高等教育は二十世紀のなかばには、ヨーロッパから直接あるいは間接の影響を受けた社会において中核的な制度となる。いまでは大学は、学問的、社会的そして政治的な革新さえもたらす場となっているけれども、それは、未来を担う人材がそこにおいて育まれているからである。だから、社会のヒエラルキーを維持し、知識人の運動を管理しようとするあらゆる専制的あるいは独裁的な体制にとって、大学とは不穏な場なのである。より一般的に言うなら、二十世紀の社会の大きな変化のほとんどは、大学のなかで告知されるか、準備されるかしている。

	イギリス	ドイツ	ロシア	アメリカ	フランス	ベルギー	オランダ	オーストリア	イタリア	スペイン
1810		4.9		1.2						
1820		9.8					0.7			
1830		15			7.4*	1.0	1.6			
1840						1.4	1.4			
1850		11				1.7	1.4	3.1		
1860	3	12	5	22	8**	2.4	1.3		6.5	7.6
1870	5	13	6	31	11	2.6	1.2	5.6	12	
1880	10	21	8	49	12	4.5	1.5	5.5	12.4	
1890	16	28	13	72	20	5.6	2.5	7.1	17.5	
1900	17	44.2	16	100	29	5.3			26	8
1910	26	66.8	37	144	41	7	4.2	12.6	29	16
1920	34	120.7	109	251	49	9		22.0	53	23.5
1930	37	134	43	489	78	10	10	21.4	44	35.7
1950	106	246			145	20.7	29.7	24.8	145	55

図表１：19～20世紀におけるヨーロッパとアメリカ合衆国の学生数の変化（単位は千人）

注記：年代は大まかなものにすぎない．当該10年のなかの資料のある年の統計に拠った．

出典：イギリス，ドイツ，ロシア，アメリカ合衆国に関しては，K. Jarauch 前掲書【55】13頁（1860-1930）,1860年以前のドイツに関しては R. S Turner の論文（*Handbuch der deutschen Bildungsgeschichte* 所収）224頁を参照した．フランスに関しては，*J.-C. Caron 前掲書【35】37頁（1828），**Weisz（46頁）をもとに算定（医学部と法学部のおおよその学生数を他の学部とエコールのそれに加算した）．その他は G. Weisz 前掲書【44】23頁を参照した．ベルギーとオランダに関しては，B. R. Mitchell, *International Historical Statistics* : *Europe, 1750-1988*, London, Mac Millan, 1992, 878-883頁，*Minerva*, 1909-1910，さらに *Les institutions d'enseignement supérieur et de recherche en Belgique*, Bruxelles, 1937を参照．オーストリアに関しては，現在のオーストリア地域にある大学のみを対象とし，技術系の高等教育機関は含まれていない（H. Engelbrecht 前掲書【32】236頁および Mitchell）．イタリアに関しては，A. Aquarone, *L'Italia giolittiana, Bologne, Ii Mulino*, 1981, 558頁；M. Barbagli 前掲書【62】134，204頁，および Mitchell 前掲書，スペインに関しては J.-L. Guereñaの前掲論文（本書148頁の注）および Mitchell 前掲書をそれぞれ参照した．

	1840	1870	1880	1890	1900	1910	1920	1930	1971	1985/86
イングランド*		0.4	0.6	0.7	0.8	1.3	1.6	1.9	16.7	22.3
ドイツ**		0.6	0.6	0.6	1.0	1.2	1.9	2.6	14.7	29.4
オーストリア	0.9	0.7	1.0	0.9	1.1	3.8				28
ベルギー	0.5	0.7	1.0	1.0	0.9	1.3			17.6	32.2
スコットランド		1.4	1.9	1.8	1.4	1.9				
スペイン		0.9	1.0			1.2			9.8	30.2
フィンランド	0.3	0.4	0.4	1.1	1.2	1.2				35
フランス		0.5	0.6	0.9	1.2	1.7	2.0	2.9	19.4	30.0
イタリア		0.5	0.5	0.8	1.0	1.1			19.1	26.1
ノルウェー		0.7	0.5	1.0	0.7	0.8				28
オランダ	0.6	0.4	0.5	0.7	0.7	1.1			20.9	31.4
ポルトガル		0.2	0.2	0.3	0.3	0.2			10	11.3
ロシア***		0.1	0.17		0.2	0.8		4.3	31	
スウェーデン	0.6	0.5	0.6	0.9	0.7	0.9				36.9
スイス			0.7	0.9	1.4	2.2				23
アメリカ合衆国		2.3	3.4	3.5	5.0	5.6	9.0	11.2	49.3	64.4

図表２：西洋主要国における20〜24歳人口に対する高等教育進学者の割合（数値はパーセント）

*　第二次世界大戦後は連合王国
**　第二次世界大戦後は西ドイツのみ
***　1917年以降はソヴィエト

注記：年代は大まかなものにすぎない．当該10年のなかの資料のある年の統計に拠った．

出典：1914年以前のすべての国に関しては，H. Kaelble, *Soziale Mobiität und Chancengleichheit im 19. und 20. Jahrhundert*, Göttingen, Vandenhoeck & Ruprecht, 1983, 200-202頁（ただしフランス，ロシア，アメリカ合衆国は除く）．ロシアとアメリカ合衆国に関しては，K. Jarausch 前掲書【55】16頁．フランスに関しては，F. Ringer, *Education and society in modern Europe*, Bloomington, Indiana UP, 1979, tableaux IX-XI，ただし1971年については，F. Epinette et F. Massit-Folléa, *L'Europe des universités*, Paris, La Documentation française, 1992, 15頁を参照．1985-1986年については同書，C. Baudelot et R. Establet, *Allez les filles!*, Paris, Ed. du Seuil, 1992, 47頁，およびユネスコ資料を参照した．

結論　総決算——一九四五年以降のあらたな大学の世界へ

この小さな著作によっては、一九四五年以降の世界における高等教育の歴史を詳細に検討することはできない。しかし最近のいくつかの大きな傾向を見ることで、七世紀まえにヨーロッパの片隅で始まりいまや地球全体にまで広がった、数千万人の人びととますます多くの個人的・集団的資源が関わるこの知的かつ社会的冒険について、一つの決算をなすことはできるかもしれない。

十九世紀に生じた高等教育の新たな性格は、もはや後戻りすることはできないほどにそれまでの大学システムをすっかり変えてしまった。大学に関わる人口の飛躍的な増大によって、かつての大学あるいはそれと結びついた価値のシステムはますます適用しがたいものとなってしまっている。問題となる諸要素がからまりあい、学生の望むものとじっさいの就職の可能性のあいだにずれが生じるなかで、大学をめぐるいかなる政治も、それらを解決できない矛盾のなかにある。最も伝統主義的な国でさえ、第二次世界大戦以降には大学の構造を何度も改革せねばならなかった。変化は一九世紀において忌避され、一九五〇年代から六〇年代まで引き延ばされていたが、その後いたるところで恒常的な合言葉となっている。

高等教育への要求は例外的なほどに拡大して、いまや世界の全体を覆うほどだが、それに大学がどのように応えるかが大きな課題となっている。大学の一般的な形態は現在の十分の一の学生のために構想されたものであり、いまの学生やその就職への希望に応えられるものではない。いかなる形態の大学であれ、内部におけるたえまない改編、専門領域の最大限の開放、あらたな社会的顧客層に応えるための教育の多様化、そして運営をめぐる行政の錯綜のなかでの、さまざまな関係者間の対立を経験してきた。履修コースの差異化は、アメリカの著者クラーク・カーが「マルチヴァーシティー」と呼ぶような、さまざまな顧客と就職先に対応する新たな機関への変化をもたらしている。大学が世界レヴェルで直面しているもう一つの大きな問題は、これもつねに困難をともなうものだが、高等教育と研究の絆をどのように維持するかというものである。すでに見たように、その分離は第二次世界大戦のまえから始まっている。科学と、その技術的・軍事的・経済的な応用が現代社会の主要な目的となるにつれ、公共そして民間の当事者ばかりでなく研究者自身もまた、研究のための機関を教育から切り離そうとしてきた。

したがって、いまでは高等教育は、世界から切り離された一つの閉じた全体とはみなされなくなっている。それどころか、未来の社会の建設のための賭け金として、あらたな大衆としての学生を受け入れながら、増えつづける予算を食いつぶすセクターとなっている。とはいえ、いまだに民主主義の欠如に苦しむ国々にとっては、大学あるいはその代わりとなるものは、十九世紀のヨーロッパ諸国においてと同様に、政治的な抑圧を最初に批判しうる場の一つである。十三世紀から大学が経験してきたあらゆる変化にもかかわらず、おそらくこの批判という機能は、社会的な諸力によって脅かされながらも七世紀にわたって途切れることなく続いてきた、大学という知的冒険にとっての真の赤い糸なのである。

解説

岡山茂

すでに古典となっている本格的な大学史の翻訳はあるものの(注1)、あらたな研究の成果を盛り込んだ、コンパクトで誰もが手にすることができるような大学史の翻訳がなかった。本書はまずその欠落を埋めるためのものである。

いま大学はかつてなく不確かな世界となっている。そのなかにいる教師と学生、そして彼らを支える職員は、ほとんど展望もなしにルーティンをこなしているし、一九九〇年代末以降の展望を欠いた改革は、そのような大学をより混乱したものにしたのである。共有すべき「大学の歴史」がないということ、そしてそれゆえに共通の展望をもちえないということが、われわれにとっての悲劇であった。

「世界の大学ランキング」は、歴史を考慮しない一元的な基準でいまの大学を評価しようとしている。それは歴史を無視するというより、むしろ固着化させるものである(ランキングの上位にはたいてい有力な国の伝統ある大学が並んでいる)。歴史はわれわれが創ってゆくものであるということを、ランキングは忘れさせようとする。本書は、そのような思想(そう呼ぶべきものがあるとして)によってもたらされた「グローバリゼーション」と、そのなかで幅をきかせるネオリベラリズムへの「レジスタンス」としてフランスにおいて出版されたものであり、日本においてもそのようなものとして機能する。

しかしそうであるからといって、この書物はイデオロジックなものではない。大学はかつての過ちを繰り返さないためにも、またあらたに変貌をとげるためにも、みずからの歴史をつねに振り返らねばならないのだ。この『大学の歴史』を読むことで、七世紀におよぶ大学の、深い歴史の森に足を踏み入れる人がひとりでも増えればよい（それが日本の大学がよくなるための第一の条件である）。この小さな書物は、大学の歴史全体を視野に収めることは許しても、紙幅のせいで「微妙な差異」については捨象せざるをえなかった。気になるところがあれば参考文献を一冊選んで、大学の図書館あるいは家の近くの図書館でさらに「歴史」を読み続けてほしい。それがすでに研究であり、「大学」にいるということなのである。

本書は二部構成で、全体は六つの章からなっている。第一部は一章から四章までを占め、十二世紀から十八世紀までをカヴァーする。第二部は五章と六章からなり、フランス大革命から一九四五年までを扱っている。章立てのうえでは4＋2であるが、第一部と第二部はほぼ同じ分量である。

しかし第一部は、そのなかの一章と二章が十二世紀から十五世紀までを、三章と四章が十六世紀から十八世紀までを扱っているから、それ自体が二部構成である。だからより正確には、2＋2＋2の三部構成というべきかもしれない。あるいはさらに、第四章を第一部の結論としてではなく、第二部のイントロダクションとして読むなら、全体を3＋3に分けることもできる。いずれにしても、本書はコンパクトであればこそ、このような複雑なパースペクティヴを秘めたものとなっている。

じっさい大学の歴史は、中世と近代、あるいは中世と近代と現代という分け方で単純に括ることはできないものである。もとよりフランス語では、厳密には、モダンとは十六世紀から十八世紀にかけての時代をいう。だから現在の大学改革を「近代化《モデルニザシオン》」と呼ぶのは、それ自体がアナクロニズムなのである（注2）。第二部が「大革命以後」とされているのは、それ以外に呼びようがないからで、それを「ポストモダン」と呼ぶことはもとより避けられている。また第二部は、一七八〇年から一八六〇年までの第五章と、一八六〇年から一九四〇年までの第六章に分かれているが、前者がモダン、後者がポストモダンというわけでもない。

さらに、本書において一九四五年以後のことが語られていないのは、「それだけでゆうに一冊の書物を執筆するに値する」（九頁）からである。しかしそればかりではなく、それについて語るための批判的な距離がいまだ十分ではないからである。歴史的な展望を欠いたところで、イデオロジックに大学について語ることの危うさは、「六八年五月」をそれぞれの仕方で経験した著者たちにとって自明のことである（注3）。「一九四五年以降」はむしろ、本書の余白としておのずから照らし出されるべきものである。あるいはもちろん、それはわれわれが創っていくべき「同時代」なのである。

大学の地理的な拡大については、著者たちは、大学が誕生した南欧や西欧について語るばかりでなく、そこに誕生した「モデル」が周辺にある国や地域にどのように広がっていったかにも焦点を当てている。そこに歴史はあるけれどもヒエラルキーというものはない。大学は、中欧、東欧、スカンジナヴィア、ロシアへ、また北アメリカ、ラテン・アメリカ、インド、オセアニアへと、世界史の進展とともに拡大し、それぞれの地域で独自に成長を始めるさまが描かれている。そのプロセスの最後に日本が現われ、ヨーロッパとアメリカを合わせたような、あるいはそのいずれでもないようなモデルを作り出すと言われ、しかもそれに、中国、エジプト、ラテン・アメリカの諸国の記述が続くのは、われわれにとって興味深いことである。

原著の裏表紙に書かれた紹介文をここに掲げておこう。

「高い水準で諸科目の教育を行なうために、教師と学生が連帯して生み出していく自律的な共同体を大学というならば、それは、十三世紀の初めに、イタリア、フランス、イギリスで生まれた制度である。このモデルはそれ以来ずっと存続し、いまやすべての大陸において高等教育システムの中心をなすに至っている。しかしこの継続性は、大学のなかに生じた本質的な変化を隠すものではないし、その変化を本書は明らかにする。同様に、われわれの知的遺産とわれわれの社会の機能をよりよく理解するための有効な鍵を、大学の歴史が提供していることも、本書は示そうとする。」

さて、大学として最古のものとして、ボローニャ大学、パリ大学、そしてオックスフォード大学が挙げられている。つねに「ランキング」の上位にいるオックスフォード大学はいうまでもなく、ボローニャ大学やパリ大学もまた、いまだに世界において重要な役割を果たしている。

一九八八年には、ボローニャ大学で「九百年祭」が行なわれ、そこに会した世界の大学の学長たちによって、大学の基本綱領（マグナカルタ）が定められ、ボローニャ宣言として発表された（注4）。また一九九八年には、ソルボンヌ大学で「八百年祭」が行なわれ、そこに参加したイタリア、イギリス、ドイツ、フランスの教育担当大臣によって、「ヨーロッパ大学空間」を創造するという宣言がなされている。その一年後にボローニャで行われたヨーロッパ教育相会議は、ソルボンヌでのこの宣言を受けて、二〇一〇年までに「ヨーロッパ高等教育圏」を作り上げるためのプログラム（ボローニャ・プロセス）を発表している。

ボローニャやパリはヨーロッパの大学のたんなるシンボルなのではない。そこでなされた宣言は、いずれも大学の未来を左右する重要なものであり、それをめぐっては政治的な対立が生じているほどだ。たとえばボローニャ・プロセスは、先のボローニャ宣言の「マグナカルタ」を尊重するとはいいながら、EUの政治的な思惑によってあまりにも性急に導入されようとしており、そのためヨーロッパ各国の学生や教師から強い批判の声が上がっている。クリストフ・シャルルも、二〇〇〇年に大学教員団体の「アレゼール」が『ルモンド』紙に発表した声明において、つぎのように述べていた。

「教育あるいは知の普及をめざす〈ヨーロッパの大学〉は、もしかしたら、かつてヨーロッパに大学をもたらした、あの厳しい普遍主義的な理想に私たちを近づけるかもしれない。しかしそのために、知の自律、視点の複数性、そして教育の機会均等という諸価値が犠牲にされることがあってはならない。」（注5）

じっさいヨーロッパの大学を構想するには、パリに「大学」ができたころの厳しい規律をとり戻すことと、近代の大学が手に入れた諸価値を見失わないことが大切なのである。さもなければ、ヨーロッパは「たんなる自由貿易のための交易圏」となってしまうだろう。「アレゼール」とともにパリで活動している大学教員の団体に「アベラール」があるが、この団体が、パリ大学の草創のころの名高い哲学者の名を冠していることは戯れではない。中世のころの大学人の精神がパリにはいまでも生きているということを、それは端的に主張しているのである。

中世の大学がモデルとなるのは、なにもヨーロッパに限られたことではない。高額な学費や奨学金の返済延滞などが問題化しているいまの日本の大学について考えるときにも、それは参照すべきモデルとなる。たとえば、いまでは奨学金という意味が一般化している「ブルス」という語は、中世の大学においては、学生が学位試験を受けるときに支払わねばならなかった受験料の単位を意味していた。つまりーブルスとは、それぞれの学生が一週間あたりに支出する生活費の総額であり、学生はみずから申告するその額に基づいて、学位試験のおりに何ブルスかを受験料として支払っていた（日本の大学の医学部には博士論文の審査のときにいまでも「謝礼」を渡しているところがある！）。しかしみずから「貧乏」であると申し出ると、それも免除されたという。「貧乏学生」はそれほど多くはなかったとはいえ、学位が取れずに大学をでる者や、学位も取らずに大学に留まる者もいたことを考えると、その社会的な役割は大きかったはずなのである。ソルボンヌのようなコレージュ（カレッジ）も、貧しい学生のための寮として創られたものだった。そしてこのような「少数者」への配慮は、中世の大学がすでに「民主的」なものであったことを示している（注6）。

もとより大学とは、教師や学生がみずから創った「組合」にほかならなかった。彼らは出身地ごとに「ナチオ」（＝ネーション）と呼ばれる団体を形成し、それらがまとまって「ウニヴェルシタス」となったのである。この自主的、自律的、民主的な運動は、やがて大学の外へと拡がり、ヨーロッパに近代をもたらすことになる。じっさい「ナチオ」は「ナショナリズム」の萌芽であり、「貧乏学生」への配慮は近代における社会福祉のさきがけであった。しかしここに微妙な問題がある。大学はそのなかで近代を育んだにもかかわらず、中世末期になって教会や領主や国によって設立される大学が増えるにつれ、かつての自律性を失い、「貧乏学生」も大学から排除されるようになるからである。

田中峰雄の『知の運動』（注7）によれば、このような変化は、すでに中世においてパリ大学の教授たちが托鉢修道会を大学から追放しようとしたときに始まっていた。清貧を旨とするフランチェスコ会やドミニコ会の修道士たちは、ローマ教皇庁が異端の監視のために大学に送り込んできた人びとであった。神学部の在俗の教授たちは初めのうちは彼らをあたたかく迎えたが、トマス・アキナスのような才能がそのなかから出て自分たちの立場が危うくなるに及んで、彼らを「偽の貧者」とみなして大学から追放しようと画策するようになる。ところで、世俗権力はそのときの教授たちの論理を用いて「浮浪禁止令」を作ったのではないか、と田中は推測している。中世末期になると、このような禁令によって、働く能力があるにもかかわらず乞食をしている「偽乞食」は追放され、そうでない「真の貧者」は救貧院に収容されるようになる。大学も、学費という制度を導入して「貧乏学生」を排除するようになる。つまり大学は、貧困を聖なるものとみなした古代教父の教えを裏切ったばかりでなく、「ベーシック・インカム」を拒むような「近代」の思想もそのなかで生みだしていたのである。

十八世紀は、このようにして民主的なものでなくなってしまった大学が、民主的なものに生まれ変わるための試練の時期だった。大学では知の革新がなされないばかりか、休講、欠席、試験の不正、情実人事などがまかりとおるようになってしまっていた（八〇頁）。そのためフランスでは、専門職養成のためにエコール・スペシアル（のちのグランド・ゼコール）が少しずつ導入され、大革命のときには大学そのものが廃止されてしまうのである。他方ドイツでは、ハレ大学やゲッティンゲン大学で改革がおこり、それが一八一〇年のベルリン大学の創設へとつながることになる。

十八世紀のフランスとドイツで始まったこの改革は、ジャン＝フランソワ・リオタールが『ポストモダンの条件』において、それぞれ人間の解放の物語と思考の自律の物語として描きだすものである。この二つの知の正当化の物語は、彼によればいずれも「モダン」であり、それらが失効したあとの脱正当化の物語（ニーチェのニヒリズム、ウィトゲンシュタインの言語ゲーム）のほうを「ポストモダン」のさきがけとして評価する。しかし同時に、その本の最後では、人間の解放の物語のなかにある「正義」と、思考の自律の物語にある「真理」が、ともに成り立ちうる政治のための条件を考えようとしている。なぜなら、それこそがプラトン以来の《西洋》の選択であったし、「西洋人」にとっては当面、それ以外に「考える」手立てはないからである。リオタールは「ポストモダンの思想家」というよりも、モダンの歴史〈物語〉を語ったあとでアウグスティヌスへと回帰した「中世」の思想家なのである。

それはおそらく、ドイツのマルティン・ハイデガーにおいても同じであって、そのフライブルク大学での総長就任演説は、正義と真理は一つであらねばならないとする確信からなされたものだった。大戦間のドイツでナチスが学生の自治組織をとおしてどこよりもまず大学に浸透し、大学から社会へと勢力を広げていく背景には、ドイツが領邦国家の集合から近代国家へと変容しようとするときに大学が演じた決定的な役割があり、そのことの集団的な記憶がある。それをハイデガーは一九三三年に、哲学という思惟の物語（つまりはドイツの大学）のなかで語ってしまった。リオタールはそれを「不幸なエピソード」と書いている。

ハイデガーへの批判をへてなお《西洋》を「選択」しているという点では、『条件なき大学』のジャック・デリダも同じである。デリダは、パフォーマティヴ（＝「行為遂行」）とコンスタティヴ（＝「事実確認」）という二分法を無効にするような「できごと」について語っている。つまり、真理について語るばかりでなく、それを正義として実践しうるような大学である。そこにおいては、みずからが真理であると信じることを公的に発言する権利が無条件に認められねばならないし、とりわけ人文系の教員は「作品」を成就しようとする意志をみずからに禁じる必要はない。あるいは、『パスカル的省察』のピエール・ブルデューにしてもまさに《西洋》の人だったのである。ブルデューは、信仰の正義と科学の真理をともに追求したパスカルにならって、社会学を「哲学者」たちの批判から擁護しようとした。その「ミスティック」への傾斜は、「教授という職」（プロフェッション＝専門職）への信仰告白（プロフェッション）について分析し、みずからそれへの帰依を表明しているデリダにも言えることである。もちろんキリスト教にではなく、それぞれが実践した社会学と哲学という学問への「信仰」であり、それを保ちつづけるという「誓約」なのではあったが。

本書において、ジャック・ヴェルジェとクリストフ・シャルルが彼らと同じ「選択」をしていることは明らかである。つまり、「何が真であるか」（真理）ということと「何が正しいか」（正義）ということを、同じ「展望」のもとで捉えようとするのが《西洋》あるいは《西洋文明》であるとしたら、その「展望」（パースペクティヴ）そのものを、彼らは『大学の歴史』としてくり拡げようとしているのである。

もちろんそのなかには、イギリスやアメリカの大学も含まれる。イギリスには、十九世紀末にマラルメも驚いたような二つの大学があるが、それらはヨーロッパ大陸のフランスとドイツの争いから離れて（もちろんイギリスの政治に翻弄されることはあっても）、中世の「処女性」をそのまま保ちつづけたまれな大学であった。アメリカ合衆国は、十七世紀にそのようなイギリスのカレッジモデルを取り入れ、十九世紀末以降はドイツのモデルを参照しながら、メセナなどによる寛大な援助に支えられた独自のモデルを作りあげることになる。しかしリオタールやデリダやブルデューのようなフランスの思想家が、フランスよりも北アメリカでよく読まれていることは知られている。かつての「ウニヴェルシタス」をどのように守るか、あるいはそれをどのように蘇らせるかは、いまや「世界」において問われているということであり、むしろそれがつねに問われているところを《西洋》と呼ぶのである。

日本のような、近代化と西洋化の区別もつかなかったような《東洋》の国が、まがりなりにも「大学」をもつようになったのは奇跡にほかならない。それは中世のヨーロッパに大学が成立したのと同じくらいの奇跡である。しかしその後に、日本は「近代」を乗り越えようとして過ちを犯した。そしていまも「ポストモダン」の幻影のなかにいる。過去の過ちを繰り返さないためには、中世の大学から続くかすかな「赤い糸」(一五九頁)にほかならない「批判」(クリティーク)の伝統を、次の世代へと切らずにつないでゆくしかない。

(注1)ステファン・ディルセー『大学史』(池端次郎訳)、ヘースティングズ・ラシュドール『大学の起源』(横尾壮英訳)。

(注2)たとえば、クリストフ・シャルルがシャルル・スリエと編集した「アレゼール」によるボローニャ・プロセス批判の書『ヨーロッパにおける大学の「近代化」の災厄』では、「モデルニザシオン」(近代化)という言葉は括弧に入れられている。Christophe Charle et Charles Soulié (dir.), *Les ravages de la « modernisation » universitaire en Europe*, Syllepse, 2007.

(注3)クリストフ・シャルルへのアレゼール日本のインタヴュー「真にグローバルな大学改革へと向けて」、アレゼール日本編『大学界改造要綱』、藤原書店、二〇〇三年、一六七〜二二三頁を参照。なおシャルルは現在アレゼール(「高等教育と研究の現在を考える会」)の代表を務めている。

(注4)ボローニャ宣言への署名に日本の大学の参加が少ないことなど、日本の大学の特異なあり方に関しては、『現代思想』(二〇〇八年九月号)における鼎談(岩崎稔、岡山茂、白石嘉治)「大学の困難」を参照されたい。

(注5)岡山茂「アレゼールの目指すもの——フランスの大学改革におけるその立場」、アレゼール日本編前掲書、二三九頁。

(注6)中世および現在の学生については、谷口清彦、白石嘉治「ゴリアールたちの帰還」、『現代思想』二〇〇九年四月号、一七二〜一八二頁を参照のこと。

(注7)田中峰雄『知の運動——十二世紀ルネサンスから大学へ』、ミネルヴァ書房、一九九五年、五六二頁参照。田中峰雄氏は、ジャック・ヴェルジェが「パリ大学史の空白部分を埋める研究として、近年もっとも興味深い研究は日本人研究者によるものである」と語ったというその人である(同書の大嶋誠氏による「解題」五九五頁)。田中氏はこの『大学の歴史』の初版がフランスで出版される前年の一九九三年、不幸にして自宅の火災のために三人の愛児とともに四五歳の若さで世を去った。その三年前には夫人に先立たれ、子育てに忙殺されながら研究と教育にも心血を注ぎ続けてい

たさなかのことであったという。本書の翻訳が、彼の遺著であるこの書に多くを負っていることをここに記しておく。

訳者あとがき

本書は、Christophe Charle, Jacques Verger, *Histoire des universités*（Coll. « Que sais-je? » n°391, Paris, PUF, 2e édition, 2007）の全訳である（初版は一九九四年）。本書は共著であり、ジャック・ヴェルジェが中世・近代の大学史（第一章から第四章）、クリストフ・シャルルが「大革命以降」（第五章、第六章）を担当している。

ジャック・ヴェルジェは一九四三年の生まれ、現在、ＥＨＥＳＳ（社会科学高等研究院）の研究主任、パリ第四大学（パリ・ソルボンヌ）の中世史教授である。クリストフ・シャルルは一九五一年の生まれ、現在、フランス大学学院（Institut universitaire de France）のメンバー、パリ第一大学（パリ・パンテオン）の近現代史教授、近現代史研究所（ＣＮＲＳ、エコール・ノルマル・シュペリユール、コレージュ・ド・フランスの共同機構）の所長を兼ねている。二人ともエコール・ノルマル・シュペリユールの出身で、それぞれ中世史と近現代史のフランスを代表する研究者である。その著作を五つだけ挙げておく（邦訳のあるものは参考文献を参照）。

ジャック・ヴェルジェ

- (dir.) *Histoire des universités en France*, Privat, « Bibliothèque historique Privat », 1986.
- *Les Universités françaises au Moyen Âge*, E. J. Brill, 1995 (Education and Society in the Middle Ages and Renaissance, 7).

・*La Renaissance du XIIe siècle*, Éd. Du Cerf, coll. « Initiations au Moyen Âge », 1997.
・*Les gens de savoir dans l'Europe de la fin du Moyen Âge*, PUF, coll. « Le Moyen Âge », 1997.
・*Culture, enseignement et société en Occident aux XIIe et XIIIe siècle*, Presses Universitaires de Rennes, 1999.

クリストフ・シャルル

・*Histoire sociale de la France au XIXe siècle*, Édition du Seuil, 1991.
・*Les Intellectuels en Europe au XIXe siècle*, Édition du Seuil, 1996.
・*La Crise des sociétés impériales(1900-1940), essai d'histoire sociale comparée de l'Allemagne, de la France et de la Grande-Bretagne*, Édition du Seuil, 2001.
・*Le Siècle de la presse (1830-1939)*, Édition du Seuil, 2004.
・*Théâtres en capitales, naissance de la société du spectacle à Paris, Berlin, Londres et Vienne, 1860-1914*, Éditions Albin Michel, 2008.

訳出は谷口がヴェルジェ（第一章～第四章）、岡山がシャルル（第五章～第六章）の部分を担当した。二人ともランボーやマラルメを研究しており、大学史に関しては門外漢である。思わぬ間違いがあることを恐れている。大学史を専門とされるかたがたのご意見とご批判を乞いたい。

ヨーロッパの大学ははかり知れない、以前からそんな思いがあった。留学帰りの知人は体験談をいろいろと語ってくれる。だが、そうした体験談が教えてくれるのはもっぱら制度としての大学であり、その本質的な部分は見えてこなかった。大学についての直感を与えてくれたのは、共訳者である岡山氏の大学での講義（「ヨーロッパの大学」）である。岡山氏はそこで、十九世紀詩人マラルメが見たオックスフォードとケンブリッジ、そしてそれに対する詩人の驚きを語った。牧歌的な大学都市、中世建築をそのままに残すカレッジ、「学問の修道院」たるその静謐な雰囲気、なによりもそこで「例外的な生」を送るフェローたち。フランスの詩人を驚かせたのは、目の前に悠然とたたずむ「中世の大学」であった。大学に流れるそうした歴史的な持続についてさらに理解を深めたいと考えたとき、岡山氏が大学史の重要な入門書として紹介していた本書の翻訳を思い立ち、氏に共訳を願い出た次第である。

学生とは何か、大学教師とは、大学とは何か。そうした問いに、本書はさまざまな歴史的形象でもって答えてくれる。たとえば中世の学生。彼らは、イスラムで涵養されたアリストテレス哲学の読解を通じて、あらたな主観性をつむぎ、それを知的実践として切り拓いていった。あるいは十九世紀帝政ロシアにおける学生。彼らは西欧化と君主制のはざまで思考するインテリゲンチアとなり、決然と革命運動に身を投じた。教師であれば、大学創成期のパリやオックスフォードに結集した者たち。彼らは学問の自律性を信じ、大学＝組合として自己組織化したのである。そして大学は、閉じこもるべき象牙の塔などではなく、活気あふれる運動そのものだ。大学は八〇〇年におよぶ歴史のなかで、幾度も変転を経験してきた。権威にすすんで従属する神学部という形象は、時代とともに姿を変えようと、いつでも存続しただろう。そうした勢力は、批判しなければならない。なぜなら歴史上、大学を構成してきたのは、権威への隷属を断ち切ろうとする独学者たちの集団的営為だったからである。

本書の翻訳は、私がパリ留学中という状況のなかで進められたものである。パリ大学での研究と大学史の翻訳という往復作業は、かけがえのない充実した時間を与えてくれた。だがそうした事情から、訳文の取りまとめにさいして、白水社編集部の中川すみ氏には多大な労力を強いてしまった。本書が出版にまで至ることができたのは、ひとえに中川氏の熱心かつ細やかなサポートのおかげである。末筆ながら、訳者を代表してここに心から感謝申し上げたい。

谷口清彦

二〇〇九年九月

参考文献
（原注による）

【1】 M. Bellomo, *Saggio sull'università nell'età del diritto comune*, Catane, Giannotta, 1979.

【2】 J. Le Goff, *Les intellectuels au Moyan Age*, Paris, Ed. du Seuil, 2e éd., 1985. 〔ジャック・ル・ゴフ『中世の知識人：アベラールからエラスムスへ』(柏木英彦／三上朝造訳)，岩波書店，1977年〕.

【3】 H. Grundmann, *Vom Ursprung der Universität im Mittelalter*, 2e éd., Darmstadt, Wissenschaftliche Buchgesellschaft, 1964.

【4】 S. C. Ferruolo, *The Origins of the University. The schools of Paris and their Critics, 1100-1215*, Stanford, Stanford up, 1985.

【5】 J. Favier, *Paris au XVe siècle. 1380-1500 (Nouvelle histoire de Paris)*, Paris, Hachette, 1974.

【6】 A. I. Pini, *Discere turba volens*. Studenti e vita studentesca a Bologna dalle origini alla metà del Trecento, *in* G. P. Brizzi et A. I. Pini (a cura di), *Studenti e università degli studenti dal XII al XIX secolo* (Studi e memorie per la storia dell'università di Bologna, n.s., VII), Bologne, Istituto per la storia dell'Università, 1988.

【7】 T. H. Aston, Oxford's Medieval Alumni, *Past and Present*, 74, 1977.

【8】 T. H. Aston, G. D. Duncan, T. A. R. Evans, The medieval Alumni of the University of Cambridge, *Past and Present*, 86, 1980.

【9】 R. C. Schwinges, *Deutsche Universitätsbesucher im 14. und 15. Jahrhundert. Studien zur Sozialgeschichte des alten Reiches*, Stuttgart, F. Steiner, 1986.

【10】 J. Verger, Le recrutement géographique des universités françaises au début du XVe siècle d'après les suppliques de 1403, *Mélanges d'archéologie et d'histoire*, publ. par l'Ecole française de Rome, 82, 1970.

【11】 J. Verger, La mobilité étudiante au Moyen Age, *Histoire de l'éducation*, 50, 1991.

【12】 G. Dahan, Les classifications du savoir aux XIIe et XIIIe siècles, *L'enseignement philosophique*, 40/4, 1990.

【13】 B. C. Bazàn, J. W. Wippel, G. Fransen, D. Jacquart, *Les questions disputées et les questions quodlibétiques dans les facultés de théologie, de droit et de médecine* (Typologie des sources du Moyen Age occidental, 44-45), Turnhout, Brepols, 1985.

【14】 L. Bianchi, *Il vescovo e i filosofi. La condanna parigina del 1277 e l'evoluzione dell'aristotelismo scolastico* (Quodlibet, 6), Bergame, P. Lubrina Ed., 1990.

【15】 A. M. Rodriguez Cruz, *Salmantica docet. La proyeccion de la universidad*

de Salamanca en Hispanoamerica, I, Salamanca, Univ. de Salamanca, 1977.

【16】 J. Herbst, *From Crisis to Crisis : American College Government, 1636-1819*, Cambridge Mass., Harvard up, 1982.

【17】 L. Stone, The size and composition of the Oxford student body, 1580-1910, *in* L. Stone (ed.), *The University in Society*, I, Princeton, Princeton up, 1975.

【18】 *Les universités européennes du XVIe au XVIIIe siècle. Histoire sociale des populations étudiantes, t. I, Bohême, Espagne, Etats italiens, Pays germaniques, Pologne, Provinces-Unies,* études rassemblées par D. Julia, J. Revel, R. Chartier, Editions de l'EHESS, 1986. ①R. Chartier, Espace social et imaginaire social : les intellectuels frustrés au XVIIe siècle.

【19】 *Les universités européennes du XVIe au XVIIIe siècle, Histoire sociale des populations étudiants, t. II, France,* études rassemblées par D. Julia, J. Revel, Editions de l'EHESS, 1989.

【20】 Ch. E. Mac Clelland, *State, society, and university in Germany, 1700-1914*, Cambridge, Cambridge up. 1980.

【21】 R. Chartier, M.-M. Compère, D. Julia, *L'éducation en France du XVIe au XVIIIe siècle*, Paris, SEDES, 1976.

【22】 J. Verger (dir.), *Histoire des universités en France*, Toulouse, Privat, 1986. ①V. Karady ②V. Karady et J.-C. Passeron.

【23】 R. A. Müller, Aristokratisierung des Studiums ? Bemerkungen zur Adelsfrequenz an süddeutschen Universitäten im 17. Jahrhundert, *Geschichte und Gesellschaft*, 10/1, 1984.

【24】 M. H. Curtis, The alienated intellectuals of early Stuart England, *Past and Present*, 23, 1962.

【25】 J.-M. Grès-Gayer, *Théologie et pouvoir en Sorbonne. La faculté de théologie de Paris et la bulle Unigenitus, 1714-1721*, Paris, Klincksieck, 1991.

【26】 P. Searby, Le università delle isole britanniche, *in* G. P. Brizzi et J. Verger (dir.), *Le Università dell'Europa, III : Dal rinnovamento scientifico all'età dei Lumi*, Milan, Silvana, 1992.

【27】 D. Julia, Une réforme impossible. Le changement des cursus dans la France du XVIIIe siècle, *Actes de la recherche en sciences sociales*, 47-48, 1983.

【28】 *Leuven University, 1425-1985*, Louvain, Leuven up, 1990.

【29】 Ch. E. Mac Clelland, Die Deutsche Hochschullehrer als Elite 1815-1850, *in* K. Schwabe, *Deutsche Hochschullehrer als Elite*, Boppard-a.-Rhein, Harald Boldt Verlag, 1988.

【30】 H.Titze, *Der Akademiker-zyklus*, Göttingen, Vandenhoeck & Ruprecht, 1990.

【31】 R. Steven Turner, in *Handbuch der deutschen Bildungsgeschichte*, t.3, Munich, Beck, 1987.

【32】 H. Engelbrecht, *Geschichte des österreichischen Bildungswesens*, t.4, Vienne, ÖBV, 1986.

【33】 V. Karady, Une « nation de juristes ». Des usages sociaux de la formation juridique dans la Hongrie d'Ancien Régime, *Actes de la recherche en sciences sociales*, 86/87, 1991.

【34】 J. Burney, *Toulouse et son université*, Toulouse, Presse Univ. Du Mirail, Paris, ED.du CNRS, 1988.

【35】 ; J-C. Caron, *Générations romantiques, les étudiants de Paris et le quartier latin (1814-1851)*, Paris, A.Colin, 1991.

【36】 V. Karady, Scientists and class structure : social recruitment of students at the Parisian Ecole normale supérieure in the nineteenth century, *History of Education*, 1979, vol.8, n°2 (1830-1849).

【37】 W. Frijhoff, *La société néerlandaise et ses gradués, 1575-1814*, Amsterdam, APA-Holland UP, 1981.

【38】 E. Crawford, *La fondation des prix Nobel scientiques*, Paris, Belin, 1988.

【39】 S. Lindroth, *A History of Uppsala University, 1477-1977*, Stockholm, 1976.

【40】 M. Klinge *et al.*, *Kejserliga Alexanders Universitetet, 1808-1917,* Helsingfors, Förlagsaktiebolaget Otava, 1989.

【41】 K. Jarausch, *The Transformation of Higher Learning*, Stuttgart, Klett Cotta, 1983. ①C. B. Burke, The expansion of american higher education ②R. Lowe, The expansion of higher education in England. 〔K・ヤーラオシュ編『高等教育の変貌 ： 拡張・多様化・機会開放・専門職化 1860−1930』（望田幸男／安原義仁／橋本伸也監訳），昭和堂，2000年〕.

【42】 A. Besançon, *Education et société en Russie*, Paris - La Haye, Mouton, 1974.

【43】 A. Touraine, *Université et société aux Etats-Unis*, Paris, Ed. du Seuil, 1972.

【44】 G. Weisz, *The Emergence of Modern Universities in France, 1863-1914*, Princeton, Princeton UP, 1983.

【45】 Ch. Charle, *La République des universitaires (1870-1940)*, Paris, Ed. du Seuil, 1994.

【46】 F. K. Ringer, *Fields of Knowledge : French Academic Culture in Comparative Perspective, 1890-1920*, Cambridge, Cambridge up.1991 〔F・K・リンガー『知の歴史社会学 ： フランスとドイツにおける教養 1890~1920』（筒井清忠他訳），名古屋大学出版会，1996年〕.

【47】 T. Shinn, *Savoir scientifique et pouvoir social. L'Ecole polytechnique, 1794-1914* ; Paris, Presses de Ia FNSP, 1980.

【48】 J.-N. Luc, *Des normaliens, histoire de l'Ecole normale supérieure de Saint-Cloud*, Paris, FNSP, 1982.

【49】 C. R. Day, *Les Ecoles d'arts et métiers, l'enseignement technique en France, XIXe-XXe siècles*, Paris, Belin, 1991 (éd. américaine 1987).

【50】 Ch. Charle, *Naissance des « intellectuels », 1880-1900*, Paris, Ed. de Minuit, 1990. 〔Ch・シャルル『<知識人>の誕生 1880-1900』（白鳥義彦訳），藤原書店，2006年〕.

【51】 C. Singer, *Vichy, l'Université et les juifs*, Paris, Les Belles Lettres, 1992.

【52】 R. D. Anderson, Universities and elites in modern Britain, *History of Universities*, vol. X, 1991.

【53】 Ch. Brooke et R. Highfield, *Oxford and Cambridge*, Cambridge UP, 1988.

【54】 N. Boyd Harte, *The University of London, 1836-1986*, London, The Athlone Press, 1986.

【55】 K. H. Jarausch, *Students, Society and Politics in Imperial Germany, The Rise of Academic Illiberalism*, Princeton, Princeton UP, 1982. ①D. R. Brower, Social stratification in russian higher education ②P. L. Alston, The dynamics of educational expansion in Russia.

【56】 F. K. Ringer, *The Decline of the German Mandarins*, Cambridge (Mass.), Harvard UP, 1969.〔F・K・リンガー『読書人の没落 : 世紀末から第三帝国までのドイツ知識人』（西村稔訳），名古屋大学出版会，1991年〕.

【57】 A sociography of German Academics, 1863-1918, *Central European History*, vol. 25, n° 3, 1993.

【58】 H. Titze, in *Handbuch der deutschen Bildungsgeschichte*, Munich, Beck, 1989.

【59】 V. Karady et W. Mitter (hg.), *Sozialstruktur und Bildungswesen in Mitteleuropa*, Vienne, Cologne, Bohlau Verlag, 1990. ①G. B. Cohen, Education, social mobility and the austrian jews, 1860-1910 ②Jewish overschooling in Hungary : Its sociological dimensions.

【60】 V. Karady et I. Kemény, Antisémitisme universitaire et concurrence de classe : la loi de *numerus clausus* en Hongrie entre les deux guerres, *Actes de la recherche en sciences sociales*, 34, 1980.

【61】 M. Marcacci, *Histoire de l'Université de Genève*, Genève, 1987.

【62】 M. Barbagli, *Disoccupazione intellettuale e sistema scolastico in Italia*, Bologne, Il Mulino, 1974.

【63】 D. Musiedlak, *Université privée et formalion de la classe dirigeante, L'Université L. Bocconi de Milan*, Rome, Ecole franç. de Rome, 1990.

【64】 M. Ostenc, *L'éducation en Italie pendant le fascisme*, Paris, Publ. de la Sorbonne, 1980.

【65】 J.-L. Guereña, L'université espagnole vers 1900, Ch. Charle, E. Keiner, J. Schriewer, *A la recherche de l'espace universitaire européen*.

【66】 *Higher Education and Society, historical perspectives*, Salamanca, 1985, vol. II. ①P. Sosa Also, Reforma y cambio social de la universida española de principios de siglo ②R. Lopez Martin, Analisis Legislative de la politica universitaria primoriverista ③S. Marquès i Sureda, La universida en Catalunya de la II Republica al actual estado de la autonomias ④J. M. Fernandez Soria et A. Mayordomo Perez, En torno a la idea de universidad en la España de la postguerra (1939-1943).

【67】 J. Mac Clelland, *Autocrats and Academics*, Chicago, The University of Chicago Press, 1979.

【68】J.-L. Guereña, E.-M. Fell, J.-R. Aymes, *L'Universitlé en Espagne et en Amérique latine du Moyen Age à nos jours. I : Structures et acteurs*, Tours, Publ. de l'Université de Tours, 1991.

参考文献
（原著巻末）

年鑑

History of Universities（1982年以降）にはきわめて充実した参考文献表がある．フランス語では *Histoire de l'éducation*の補遺が1976年以降，毎年刊行されている．

イタリア語では *Annali della Storia delle Università italiane*，ドイツ語では *Jahrbuch für Universitätsgeschichte* がある．

それぞれの大学に関する文献については *Institutions of Higher Education. An International Bibliography*（L. Parker編，New York-Westport, Greenwood Press, 1990年）に目録がある（ただし欠落や間違いもみられる）．

さらに *A Compendium of European Universities*（L. Jilek編 Genève, CRE, 1984年）も参照のこと．

大学史

フランス語では，1860年で終わっているが Stephen d'Irsay, *Histoire des universités françaises et étrangères des origines à nos jours*, 2 vol.（Paris, Picard, 1933-1935）〔ステファン・ディルセー『大学史：その起源から現代まで 上・下』（池端次郎訳），東洋館出版社，1988年〕があるのみ．

英語では次のものがある．*A History of the University in Europe*（Cambridge, Cambridge UP）; vol.1: *Universities in the Middle Ages*（H. de Ridder-Symoens (éd), 1992）; vol.2: *Universities in Early Modern Europe*（*1500-1800*）（1996, même éd. ; vol. 3 : *1800-1945*（W. Ruëgg (éd), 2004）; vol. 4: *Since 1945*.

中世および近代大学史

H. Rashdall, *The Universities of Europe in the Middle Ages*（nouv. éd. par F. M. Powicke et A. B. Emden, 3 vol., Oxford, Oxford up, 1936）〔ヘースティングズ・ラシュドール『大学の起源：ヨーロッパ中世大学史 上・中・下』（横尾壮英訳），東洋館出版社，1966～68年〕．

J. Verger, *Les universités au Moyen Age*（Paris, PUF, 1973, réimpr. 2007）〔ジャック・ヴェルジェ『中世の大学』（大高順雄訳），みすず書房，1979年〕．

A. B. Cobban, *The Medieval Universities : Their Development and Organization*,（London, Methuen, 1975）.

L. Stone (dir.), *The University in Society*（2 vol., Princeton, Princeton up, 1974-

1975）.

Les universités européennes du XVIe au XVIIIe siècle. Histoire sociale des populations étudiantes, t.I, Bohême, Espagne, Etats italiens, pays germaniques. Pologne, Provinces-Unies, études rassemblées par D. Julia, J. Revel, R. Chartier, Ed. de I'EHESS, 1986 ; *t.II, France*, études rassemblées par D. Julia, J. Revel, Ed. de I'EHSS, 1989.

G. P. Brizzi et J. Verger (dir.), *Le università dell'Europa*（6 vol. parus, Milan, Silvana Ed., 1990-1995）.

次も参照 la collection « Education and Society in the Middle Ages and Renaissance »（Leyde, Brill, 30 vol.（1992年以来刊行中））.

１９～２０世紀

K. H. Jarausch (ed.), *The Transformation of Higher Learning (1860-1930)*, Stuttgart, Klett Cotta, 1983.〔K・ヤーラオシュ編『高等教育の変貌：拡張・多様化・機会開放・専門職化 1860-1930』（望田幸男／安原義仁／橋本伸也監訳），昭和堂，2000年〕.

V. Karady et W. Mitter, *Education and Social Structure in Central Europe in the 19th and 20th Centuries*（Cologne, Böhlau Verlag, 1990）.

Ch. Charle, E. Keiner, J. Schriewer (éd), *A la recherche de l'espace universitaire européen*（Francfort, Peter Lang, 1993）.

C. Charle, J. Schriewer, P. Wagner (eds), *Transnational Intellectual Networks. Forms of Academic Knowledge and the Search for Cultural Identities*（Francfort/Main, Campus Verlag, 2004）.

各国の大学

フランス

J. Verger (dir.), *Histoire des universités en France*（Toulouse, Privat, 1986）.

L. Bianchi, *Censure et liberté intellectuelle à l'Université de Paris* (XIII-XVIe siècles)（Paris, Les Belles Lettres, 1999）.

A. Tuilier, *Histoire de l'Université de Paris et de la Sorbonne*（2 t., Paris, Nouvelle Librairie de France, 1994）.

Histoire du Collège de France（t. I, dir, par A. Tuilier, Paris, A. Fayard, 2006）.

L. W. B. Brockliss, *French Higher Education in the Seventeenth and Eighteenth Centuries, A Cultural History*（Oxford, Clarendon Press, 1987）.

G. Weisz, *The Emergence of Modern Universities in France (1863-1914)*（Princeton, Princeton up, 1983）.

Ch. Charle, *La République des universitaires*（Paris, Ed. du Seuil, 1994）.

イギリス

H. Kearney, *Scholars and Gentlemen. Universities and Society in Pre-industrial England, 1500-1700*（London, Faber & Faber, 1970）.

The History of the University of Oxford（Oxford, Clarendon Press, 8 vol., 1984-2000（刊行中））.
A History of the University of Cambridge（Cambridge, Cambridge up, 4 vol.（1988年以来刊行中））.

ドイツ
R. A. Müller, *Geschichte der Universität. Von der mittelalterlichen Universität zur deutschen Hochschule*（Munich, Callwey, 1990）.
Ch. E. Mac Clelland, *State, Society, and University in Germany, 1700-1914.*（Cambridge, Cambridge up, 1980）.
K. E. Jeismann et P. Lundgreen (hrsg.), *Handbuch der deutschen Bildungsgeschichte*（Munich, C. H. Beck, 5 t.）（1987年以来刊行中）.

オーストリア
H. Engelbrecht, *Geschichte des österreichischen Bildungswesens*（Vienne, ÖEV, 5 vol., 1983-1988）.

オランダ
W. Th. M. Frijhoff, *La société néerlandaise et ses gradués, 1575-1814*（Amsterdam, APA-Holland up, 1981）.
M. Groen, *University Education in the Netherlands, 1815-1980*（Eindhoven, Eindhoven University of Technology, 1988）.

イタリア
P. E. Grendler, *The Universities of the Italian Renaissance*（Baltimore-London, The Johns Hopkins up, 2002）.
現代史に関しては，大学のテーマから逸れるところもあるが M. Barbagli, *Disoccupazione intellettuale e sistema scolastico in Italia*（Bologne, II Mulino, 1974）があるのみ.

アメリカ合衆国とカナダ
J. Bodelle et G. Nicolaon, *Les universités américaines. Dynamisme et traditions*（Paris, Technique et documentation - Lavoisier, 1986）便利な概説書.
A. Touraine, *Université et société aux Etats-Unis*（Paris, Le Seuil, 1972）英語では L. Veysey, *The Emergence of American University*（Chicago. The University of Chicago Press, 1965）.
R. L. Geiger, *To Advance Knowledge. The Growth of American Research Universities*（New York - Oxford, Oxford up, 1986）.
R. S. Harris, *A History of Higher Education in Canada 1663-1960*（Toronto, Toronto UP, 1976）.

スペインおよび南アメリカ

R. L. Kagan, *Students and Society in Early Modern Spain*（Baltimore-London, The Johns Hopkins up, 1974）.

M. et J.-L. Peset, *La universidad española (siglos XVIII y XIX). Despotismo ilustrado y revolucidn liberal*（Madrid, Taurus, 1974）.

J. L. Guereña, E.-M. Fell, J.-R. Aymes, *L'Université en Espagne et en Amérique latine du Moyen Age à nos jours*, I : *Structures et acteurs*（Tours, Publ. de I'Univ. de Tours, 1991）.

大学と知の歴史

A History of the University（既出）のなかに専門分野ごとの論文が存在する.

フランスに関してはおもに次を参照. N. et J. Dhombres, *Naissance d'un nouveau pouvoir : sciences et savants en France, 1793-1824*（Paris, Payot, 1989）.

B. Belhoste, *La formation d'une technocratie : l'Ecole polytechnique et ses élèves de la Révolution au Second Empire*（Paris, Belin, 2003）.

J. Heilbron, R. Lenoir, G. Sapiro (éd), *Pour une histoire des sciences sociales*（Paris, Fayard, 2004）.

R. Fox et G. Weisz, *The Organization of Science and Technology in France, 1808-1914*（Paris-Cambridge, Cambridge up - Ed. de Ia MSH, 1980）.

邦語参考文献

（＊は原著に引用されている参考文献の翻訳）

＊ステファン・ディルセー『大学史：その起源から現代まで 上・下』（池端次郎訳），東洋館出版社，1988年.

ハンス＝ヴェルナー・プラール『大学制度の社会史』（山本尤訳），法政大学出版局，1988年.

島田雄次郎『ヨーロッパの大学』，玉川大学出版部，1990年.

＊ヘースティングズ・ラシュドール『大学の起源：ヨーロッパ中世大学史 上・中・下』（横尾壮英訳），東洋館出版社，上1966年，中1967年，下1968年.

＊ジャック・ヴェルジェ『中世の大学』（大高順雄訳），みすず書房，1979年.

＊ジャック・ル・ゴフ『中世の知識人：アベラールからエラスムスへ』（柏木英彦／三上朝造訳），岩波書店，1977年.

アラン・ド・リベラ『中世知識人の肖像』（阿部一智／永野潤訳），新評論，1994年.

田中峰雄『知の運動――十二世紀ルネサンスから大学へ』，ミネルヴァ書房，1995年.

児玉善仁『イタリアの中世大学：その成立と変容』，名古屋大学出版会，2007年.

＊コンラート・ヤーラオシュ（編）『高等教育の変貌：拡張・多様化・機会開放・専門職化 1860-1930』（望田幸男／安原義仁／橋本伸也監訳），昭和堂，2000年.
チャールズ・E・マクレランド『近代ドイツの専門職：官吏・弁護士・医師・聖職者・教師・技術者』（望田幸男監訳；南直人 他訳），晃洋書房，1993年.
潮木守一『近代大学の形成と変容：一九世紀ドイツ大学の社会的構造』，東京大学出版会，1973年.
潮木守一『フンボルト理念の終焉？ 現代大学の新次元』，東信堂，2008年.
松元忠士『ドイツにおける学問の自由と大学自治，その歴史的生成と展開』，敬文堂，1998年.
＊F・K・リンガー『読書人の没落：世紀末から第三帝国までのドイツ知識人』（西村稔訳），名古屋大学出版会，1991年.
＊F・K・リンガー『知の歴史社会学：フランスとドイツにおける教養 1890~1920』（筒井清忠他訳），名古屋大学出版会，1996年.
山本尤『ナチズムと大学：国家権力と学問の自由』，中公新書，1985年.
池端次郎『近代フランス大学人の誕生：大学人史断章』，知泉書館，2009年.
＊Ch・シャルル『＜知識人＞の誕生 1880-1900』（白鳥義彦訳），藤原書店，2006年.
J＝B・ピオベッタ『フランスの大学：その制度と運営』（中山毅／諸田和治訳），白水社，1963年.
石村雅雄（監修）松坂浩史『フランス高等教育制度の概要：多様な高等教育機関とその過程』，広島大学大学教育研究センター，1999年.
M・サンダーソン『イギリスの大学改革：1809-1914』（安原義仁訳），玉川大学出版部，2003年.
F・ルドルフ『アメリカ大学史』（阿部美哉／阿部温子訳），玉川大学出版部，2003年.
中野実『近代日本大学制度の成立』，吉川弘文館，2003年.
天野郁夫『大学の誕生 上・下』，中公新書，2009年.

訳者略歴
岡山茂（おかやま・しげる）
一九五三年生まれ
早稲田大学政治経済学術院教授
主要著書
『大学界改造要綱』（共著、藤原書店）
谷口清彦（たにぐち・きよひこ）
一九七七年生まれ
上智大学大学院博士課程在籍

本書は二〇一〇年刊行の『大学の歴史』第二刷をもとにオンデマンド印刷・製本で製作されています。

大学の歴史

二〇〇九年一〇月三〇日第一刷発行
二〇二四年 五 月三〇日第六刷発行

訳者 © 岡山茂
　　　　谷口清彦
発行者 岩堀雅己
印刷・製本 大日本印刷株式会社
発行所 株式会社白水社
東京都千代田区神田小川町三の二四
電話 営業部〇三（三二九一）七八一一
　　 編集部〇三（三二九一）七八二一
振替 〇〇一九〇―五―三三二二八
郵便番号一〇一―〇〇五二
www.hakusuisha.co.jp
乱丁・落丁本は、送料小社負担にてお取り替えいたします。

ISBN978-4-560-50940-1
Printed in Japan